# brevissima

## Kompakte Systemgrammatik Latein

von Susanne Gerth und Theo Wirth

Vandenhoeck & Ruprecht

Bibliografische Information der Deutschen Nationalbibliothek:
Die Deutsche Nationalbibliothek verzeichnet diese Publikation in der
Deutschen Nationalbibliografie; detaillierte bibliografische Daten sind
im Internet über http://dnb.de abrufbar.

2., durchgesehene Neuauflage

© 2019, 2017, Vandenhoeck & Ruprecht GmbH & Co. KG, Theaterstraße 13, D-37073 Göttingen
Alle Rechte vorbehalten. Das Werk und seine Teile sind urheberrechtlich
geschützt. Jede Verwertung in anderen als den gesetzlich zugelassenen Fällen
bedarf der vorherigen schriftlichen Einwilligung des Verlages.

Satz: SchwabScantechnik, Göttingen
Druck und Bindung: ⊕ Hubert & Co. BuchPartner, Göttingen
Printed in the EU

**Vandenhoeck & Ruprecht Verlage | www.vandenhoeck-ruprecht-verlage.com**

ISBN 978-3-525-71125-5

# Inhalt

| | |
|---|---:|
| **Vorwort** | 5 |
| **1. Aussprache und Betonung** | 6 |
| **2. Wortarten** | 6 |
| **3. Satzmodell** | 7 |
|    3.1. Einführung | 7 |
|    3.2 Die Satzglieder | 8 |
|    3.3 Ein grafisches Satzmodell | 8 |
| **4. Substantive und Kasus (Formen und Funktionen)** | 9 |
|    4.1 Substantive im Deutschen und im Lateinischen: Grundlagen | 9 |
|    4.2 Nominativ (1. Fall) | 10 |
|    4.3 Vokativ | 11 |
|    4.4 Genitiv (2. Fall) | 12 |
|    4.5 Dativ (3. Fall) | 14 |
|    4.6 Akkusativ (4. Fall) | 16 |
|    4.7 Ablativ (5. Fall) | 18 |
| **5. Adjektive** | 20 |
|    5.1. Adjektive: KNG-Kongruenz | 20 |
|    5.2 Formen der Adjektive | 20 |
|    5.3 Schwierigkeiten bei der KNG-Kongruenz | 20 |
|    5.4 Die Funktionen von Adjektiven im Satz | 21 |
|    5.5 Substantivierte Adjektive | 21 |
|    5.6 Steigerung der Adjektive | 21 |
|    5.7 Von Adjektiven abgeleitete Adverbien | 22 |
| **6. Pronomina** | 23 |
|    6.1 *is, ea, id* | 23 |
|    6.2 *hic, haec, hoc* und *ille, illa, illud* (Demonstrativpronomina) | 23 |
|    6.3 *qui, quae, quod* (Relativpronomen) | 24 |
| **7. Verben** | 25 |
|    7.1 Infinitiv und Konjugation | 25 |
|    7.2 Finite Verbformen | 25 |
|    7.3 Die Tempora im Aktiv: Präsensstamm | 25 |
|       7.3.1 Der Indikativ Präsens Aktiv | 25 |
|       7.3.2 Der Indikativ Imperfekt Aktiv | 26 |
|       7.3.3 Der Indikativ Futur I Aktiv | 26 |
|    7.4 Die Tempora im Aktiv: Perfektstamm | 27 |
|       7.4.1 Der Indikativ Perfekt Aktiv | 27 |
|       7.4.2 Der Indikativ Plusquamperfekt Aktiv | 28 |
|       7.4.3 Der Indikativ Futur II Aktiv | 28 |
|    7.5 Die Modi | 29 |
|       7.5.1 Der Indikativ | 29 |
|       7.5.2 Der Imperativ | 29 |
|       7.5.3 Der Konjunktiv | 29 |
|          7.5.3.1 Formen des Konjunktivs | 30 |
|          7.5.3.2 Der Konjunktiv im Nebensatz | 31 |
|          7.5.3.3 Der Konjunktiv im Hauptsatz | 32 |

- 7.6 Die Genera verbi .................................................................... 34
  - 7.6.1 Die Handlungsrichtung des Verbs ........................................... 34
  - 7.6.2 Die Bildung der Formen im Aktiv ............................................ 34
  - 7.6.3 Die Bildung der Formen im Passiv .......................................... 35
  - 7.6.4 Deponentien ................................................................... 36
- 7.7 Infinite Verbformen ............................................................... 36

## 8. Satzarten ................................................................................. 37
- 8.1 Hauptsätze ........................................................................... 37
- 8.2 Nebensätze .......................................................................... 37

## 9. Besondere Konstruktionen ........................................................ 38
- 9.1 Der AcI (Accusativus cum Infinitivo) ........................................... 38
  - 9.1.1 Grundlagen .................................................................... 38
  - 9.1.2 Die reflexiven Pronomina im AcI ............................................ 38
  - 9.1.3 AcI mit Infinitiv Perfekt (bzw. Futur) ..................................... 39
  - 9.1.4 AcI mit Infinitiv Passiv ..................................................... 39
  - 9.1.5 Mit AcI verschränkte Relativsätze .......................................... 39
- 9.2 Der NcI (Nominativus cum Infinitivo) .......................................... 39
- 9.3 Partizipkonstruktionen I – das Pc (Participium coniunctum) ............... 40
- 9.4 Partizipkonstruktionen II ........................................................ 42
  - 9.4.1 Der Abl. abs. (Ablativus absolutus) ........................................ 42
  - 9.4.2 Der nominale Abl. abs. ..................................................... 43
- 9.5 nd-Formen: Gerundium und Gerundivum ..................................... 44
- 9.6 oratio obliqua / indirekte Rede ................................................ 45
- 9.7 Das Prädikativum .................................................................. 46

## 10. Wortbildung ............................................................................. 47
- 10.1 Wortbildung – umfassend gedacht, kurz gefasst ........................... 47
- 10.2 Bildung von neuen Wörtern: Änderung von Wortform *und* Bedeutung .. 47
- 10.3 Veränderung von bestehenden Wörtern: Änderung *nur* der Bedeutung .. 48
  - 10.3.1 Die Metapher ................................................................ 49
  - 10.3.2 Die Metonymie .............................................................. 49
  - 10.3.3 Zusammenfassung .......................................................... 49
  - 10.3.4 Die Subjunktionen *cum* und *ut* ........................................ 50

## 11. Tabellen ................................................................................. 51
- Substantive und Adjektive ........................................................... 51
- Pronomina .............................................................................. 54
- Verben: Präsensstamm Aktiv ......................................................... 56
- Verben: Präsensstamm Passiv ....................................................... 57
- Verben: Perfektstamm Aktiv und Passiv ........................................... 58
- Unregelmäßige Verben ................................................................ 59
- Deutsche Deklination ................................................................. 60

## 12. Wo finde ich was? – Register ................................................... 61

# Vorwort

Brevissima – Kompakte Systemgrammatik: Der Name ist Programm. Denn diese Grammatik bietet eine ganz knappe, einfache und verständliche Darstellung der lateinischen Grammatik.
- Die Darstellung der Grammatikphänomene orientiert sich konsequent an dem, was man für die Übersetzung *aus* dem Lateinischen ins Deutsche wissen muss – kein überflüssiger Lernballast!
- Die einzelnen Kapitel sind so strukturiert, dass erst die Grundlagen vermittelt werden, dann je nach Bedarf erweitert werden kann.
- Die Beispielsätze enthalten nur sehr einfaches Vokabular.
- Ein übersichtlicher Tabellenteil erleichtert das Einordnen der Formen ins System.

Dadurch kann dieses Buch sowohl zum Erlernen der lateinischen Grammatik in der Spracherwerbsphase (als Begleit- *und* Systemgrammatik) als auch als Arbeitsinstrument in der Lektürephase (als Systemgrammatik) eingesetzt werden.

## Was ist außerdem neu?

- Auf die traditionelle Trennung zwischen einem ersten Teil »Formenlehre« und einem zweiten Teil »Syntax« verzichtet die Grammatik, weil Form und Funktion zusammengehören.
- Wichtig ist uns eine durchdachte und möglichst schülergerechte Form, d. h. größte Klarheit und Verständlichkeit, ohne Scheu vor unkonventionellen Sichtweisen, wenn sie hilfreich sind – und dies alles so kurz, wie immer es sinnvoll ist.
- Die Erkenntnisse der modernen Linguistik werden mit einbezogen, aber nur so weit, als sie das Verständnis, das Lernen und den Transfer auf andere Sprachen fördern. So werden beispielsweise alle Substantive der sogenannten konsonantischen, der i- und der gemischten Deklination zusammengefasst behandelt als 3. Deklination; oder es wird bei den Funktionen der Vergangenheitszeiten auf die Entsprechungen bzw. Differenzen in den romanischen Sprachen, im Deutschen und Englischen verwiesen.
Solche Blicke auf Elemente der Mehrsprachigkeitsdidaktik finden sich immer wieder an ausgewählten Stellen, um das Bewusstsein für Ähnlichkeiten und Unterschiede der Sprachen zu schärfen.
- Das Thema Wortbildung ist umfassender gedacht und behandelt zusätzlich den Bereich des Bedeutungswandels.

Wir hoffen, dass Sie sich mit diesem Buch die Grundlagen der lateinischen Grammatik gut aneignen bzw. das, was Sie nochmals nachlesen möchten, gut finden können.

# 1. Aussprache und Betonung

Im Gegensatz zum Englischen oder Französischen wird das Lateinische im Prinzip so ausgesprochen, wie man es schreibt – die Aussprache ist also nicht schwierig.

Nur in einigen Details weicht die Aussprache vom Deutschen ab:
- c wurde im klassischen Latein immer wie »k« gesprochen (deswegen wurde aus Caesar der deutsche Kaiser). Erst später sprach man das »c« vor hellen Vokalen wie ein »z«.
- ae und oe wurden im klassischen Latein als »ai« bzw. »oi« gesprochen (deswegen wurde Caesar im Deutschen zu Kaiser). Erst später kam die Aussprache als »ä« bzw. »ö«.
- sp und st wurden getrennt gesprochen, also »s-p« und nicht »schp-«.
- v wurde als »w« gesprochen, wie in Villa.

Wichtig für die richtige Aussprache sind besonders die Betonungsregeln:
- Zweisilbige Wörter werden vorne betont: z. B. céna.
- Drei- und mehrsilbige Wörter werden
  - auf der vorletzten Silbe betont, wenn diese lang ist (d. h. wenn sie einen langen Vokal hat oder zwei oder mehr Konsonanten folgen), z. B. a-mí-cus, bo-tél-lus;
  - auf der drittletzten Silbe betont, wenn die vorletzte Silbe kurz ist, z. B. dó-mi-nus.

# 2. Wortarten

Im Lateinischen gibt es fast dieselben Wortarten wie im Deutschen:

| Wortart | dt. Beispiel | lat. Beispiel | veränderlich? |
|---|---|---|---|
| Verb | sehen | vidēre | ja |
| Substantiv | die/eine Familie | familia | ja |
| Artikel | die/eine | – | ja |
| Adjektiv | gut, schön | bonus, pulcher | ja |
| Pronomen | ich | ego | ja |
| Präposition | zu, bei | ad, apud | nein |
| Adverb | oft | saepe | nein |
| Konjunktion/Subjunktion | und/während | et/dum | nein |
| Interjektion | he! | eheu! | nein |

Es fällt allerdings auf, dass im Lateinischen der Artikel fehlt. Deshalb muss beim Übersetzen je nach Zusammenhang kein Artikel, der unbestimmte Artikel, der bestimmte Artikel oder ein Possessivpronomen ergänzt werden:

amīcus = *Freund / ein Freund / der Freund / mein Freund*

# 3. Satzmodell

## 3.1 Einführung

### Wie funktioniert ein Satz?

Ein Satz funktioniert im Deutschen genauso wie im Lateinischen. Deshalb schauen wir uns zuerst einmal einen deutschen Satz an:

*Ich sehe einen Tempel.*

Der Satz enthält verschiedene Informationen:
Was geschieht? → sehen
Wer oder was sieht? → ich
Wen oder was sehe ich? → einen Tempel

Erfragen Sie die Informationen aus folgenden Sätzen:
a) Markus kauft einen Sklaven.
b) Er holt Wasser.
c) Paula ärgert ihre Mutter.
d) Der Tempel hat einen schönen Altar.

### Die Fälle (Kasus)

Aber woran lässt sich erkennen, welche Wörter auf die Frage »wer oder was?« und welche auf die Frage »wen oder was?« antworten?
Im Deutschen erkennt man das meistens an der Satzstellung und teilweise an den verschiedenen Endungen für die einzelnen Fälle:

*Ein Tempel         hat         einen schönen Altar.*
»wer oder was?«                 »wen oder was?«
1. Fall (Nominativ)             4. Fall (Akkusativ)

### Ein lateinischer Satz

Wie im Deutschen, so steht auch im Lateinischen auf die Frage »wen oder was?« der 4. Fall (Akkusativ). Man erkennt ihn meistens an der Endung:

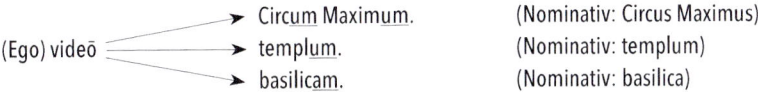

(Ego) videō → Circ<u>um</u> Maxim<u>um</u>.   (Nominativ: Circus Maximus)
            → templ<u>um</u>.              (Nominativ: templum)
            → basilic<u>am</u>.            (Nominativ: basilica)

## 3.2 Die Satzglieder

Ein Satz enthält verschiedene Informationen:

*Ich sehe heute auf dem Forum einen Tempel.*

| Was geschieht? | → | sehen |
| Wer oder was sieht? | → | ich |
| Wen oder was sehe ich? | → | einen Tempel |
| Wann, wo etc.? | → | heute, auf dem Forum |

Die Teile des Satzes, die uns diese Fragen beantworten, nennt man Satzglieder:

| Was geschieht? | sehe | = Prädikat |
|---|---|---|
| Wer oder was? | ich | = Subjekt |
| Wen oder was? | einen Tempel | = Objekt |
| Wann, wo etc.? | heute, auf dem Forum | = Adverbiale |

Die Satzglieder Subjekt, Objekt und Adverbiale können durch Attribute erweitert werden, die eine genauere Beschreibung enthalten:

*Ich sehe heute auf dem Forum des Augustus einen schönen Tempel.*

## 3.3 Ein grafisches Satzmodell

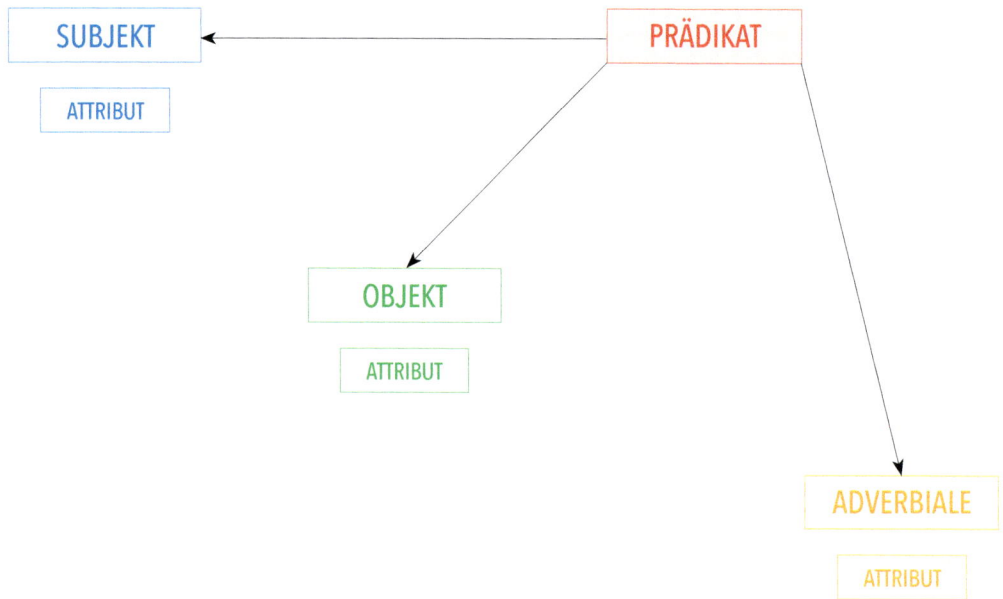

# 4. Substantive und Kasus (Formen und Funktionen)

## 4.1 Substantive im Deutschen und im Lateinischen: Grundlagen

### grammatisches Geschlecht (Genus)

Wie im Deutschen gibt es auch im Lateinischen drei verschiedene Geschlechter:

| maskulin (männlich): | amīcus | der / ein Freund |
| feminin (weiblich): | familia | die / eine Familie |
| neutrum (sächlich): | theātrum | das / ein Theater |

Achtung: Das Genus eines Wortes ist im Deutschen und Lateinischen nicht immer gleich:

vīnum (n.) → der / ein Wein (m.)

### Artikel

Im Lateinischen gibt es keinen Artikel. Deshalb muss man je nach Zusammenhang bei der Übersetzung überlegen, was am besten passt:

amīcus → Freund, ein Freund, der Freund *oder* mein Freund

### Deklination

Das Bilden der verschiedenen Fälle (Kasus) im Singular und im Plural heißt Deklinieren:

|  | Singular (Einzahl) | Plural (Mehrzahl) |
| --- | --- | --- |
| 1. Fall / Nominativ | der / ein Freund | (die) Freunde |
| 2. Fall / Genitiv | des / eines Freundes | der Freunde / von Freunden |
| 3. Fall / Dativ | dem / einem Freund | (den) Freunden |
| 4. Fall / Akkusativ | den / einen Freund | (die) Freunde |

Im Lateinischen gibt es darüber hinaus zwei weitere Formen: den Kasus Ablativ und den Vokativ. Zudem ist der Kasusgebrauch manchmal anders als im Deutschen.

### Deklinationsklasse und Genus

Wörter mit gleichen Endungen werden in einer Deklinationsklasse zusammengefasst. Im Lateinischen gibt es fünf Deklinationsklassen:

| 1. oder a-Deklination: | familia (f.) |
| --- | --- |
| 2. oder o-Deklination: | amīcus (m.) / vīnum (n.) |
| 3. Deklination: | homō (m.) / vōx (f.) / nōmen (n.) |
| 4. oder u-Deklination: | ūsus (m.) / cornū (n.) |
| 5. oder e-Deklination: | rēs (f.) |

Bei den Wörtern der 3. Deklination muss man das grammatische Geschlecht (Genus) jedes einzelnen Wortes mitlernen oder im Wörterbuch nachschlagen. Bei den anderen Deklinationen ist das Genus (bis auf wenige Ausnahmen) wie oben in der Tabelle ersichtlich.

## 4.2 Nominativ (1. Fall)

### Formen

**1. oder a-Deklination (meist f.)**

|      | Sg.                            | Pl.                        |
|------|--------------------------------|----------------------------|
| Nom. | famili-a   die / eine Familie  | famili-ae   (die) Familien |
| Gen. | famili-ae                      | famili-ārum                |
| Dat. | famili-ae                      | famili-īs                  |
| Akk. | famili-am                      | famili-ās                  |
| Abl. | famili-ā                       | famili-īs                  |

**2. oder o-Deklination (meist m.)**

|      | Sg.                         | Pl.                       |
|------|-----------------------------|---------------------------|
| Nom. | amīc-us*   der / ein Freund | amīc-ī   (die) Freunde    |
| Gen. | amīc-ī                      | amīc-ōrum                 |
| Dat. | amīc-ō                      | amīc-īs                   |
| Akk. | amīc-um                     | amīc-ōs                   |
| Abl. | amīc-ō                      | amīc-īs                   |

**2. oder o-Deklination (n.)**

|      | Sg.    | Pl.      |
|------|--------|----------|
| Nom. | vīn-um | vīn-a    |
| Gen. | vīn-ī  | vīn-ōrum |
| Dat. | vīn-ō  | vīn-īs   |
| Akk. | vīn-um | vīn-a    |
| Abl. | vīn-ō  | vīn-īs   |

* Manche Wörter der o-Deklination enden im Nom. Sg. auf -er, sind also endungslos (z. B. puer, puerī oder ager, agrī).

**FÜR SPÄTER**

**3. Deklination (m./f.)**

|      | Sg.       | Pl.         |
|------|-----------|-------------|
| Nom. | homō      | homin-ēs    |
| Gen. | homin-is  | homin-um    |
| Dat. | homin-ī   | homin-ibus  |
| Akk. | homin-em  | homin-ēs    |
| Abl. | homin-e   | homin-ibus  |

**3. Deklination (n.)**

|      | Sg.      | Pl.        |
|------|----------|------------|
| Nom. | nōmen    | nōmin-a    |
| Gen. | nōmin-is | nōmin-um   |
| Dat. | nōmin-ī  | nōmin-ibus |
| Akk. | nōmen    | nōmin-a    |
| Abl. | nōmin-e  | nōmin-ibus |

**4. oder u-Deklination (meist m.)**

|      | Sg.    | Pl.      |
|------|--------|----------|
| Nom. | ūs-us  | ūs-ūs    |
| Gen. | ūs-ūs  | ūs-uum   |
| Dat. | ūs-uī  | ūs-ibus  |
| Akk. | ūs-um  | ūs-ūs    |
| Abl. | ūs-ū   | ūs-ibus  |

**5. oder e-Deklination (meist f.)**

|      | Sg.   | Pl.    |
|------|-------|--------|
| Nom. | r-ēs  | r-ēs   |
| Gen. | r-eī  | r-ērum |
| Dat. | r-eī  | r-ēbus |
| Akk. | r-em  | r-ēs   |
| Abl. | r-ē   | r-ēbus |

### Funktion

**a) Der Nominativ als Subjekt (»wer oder was?«)**

Der Nominativ antwortet auf die Frage »wer oder was?« und füllt im Satz die Stelle des Subjekts (s. auch 3.2 Satzglieder, S. 8):

| | |
|---|---|
| Amīcus nōn venit. | Amīcī nōn veniunt. |
| *Der Freund kommt nicht.* | *Die Freunde kommen nicht.* |

Achtung: Oft steht in lateinischen Sätzen gar kein Subjekt explizit da, sondern es wird durch die Personalendung des Verbs ausgedrückt (vgl. auch S. 25). Im Deutschen brauchen wir dagegen das Personalpronomen:

Nōn venit.  *Er kommt nicht.*

**b) Der Nominativ als Ergänzung**

Prädikatsnomen: notwendige Ergänzung zu einer Form von *esse*:

Plinius: »Septicius amīcus est.«
*Plinius (sagt): »Septicius ist ein/mein Freund.«*

Apposition: Substantiv als Attribut

Plinius: »Septicius amīcus nōn venit.«
*Plinius (sagt): »Mein Freund Septicius kommt nicht.«*

## 4.3 Vokativ

### Formen des Vokativs

Die Formen des Vokativs sind meist mit dem Nominativ identisch. Daher erscheinen sie nicht in den Deklinationstabellen.

Ausnahme: Wörter der o-Deklination auf -us oder -ius (nur im Singular):

| | |
|---|---|
| Heus Mārce! | *Hallo, Markus!* |
| Heus Lūcī! | *Hallo, Lucius!* |

### Funktion

Der Vokativ ist die Anredeform und wird für direkte Anreden verwendet.

# 4.4 Genitiv (2. Fall)

### Formen

**1. oder a-Deklination** (meist *f.*)

|      | Sg.                              | Pl.                                |
|------|----------------------------------|------------------------------------|
| Nom. | famili-a                         | famili-ae                          |
| Gen. | famili-ae   der/einer Familie    | famili-ārum   der/von Familien     |
| Dat. | famili-ae                        | famili-īs                          |
| Akk. | famili-am                        | famili-ās                          |
| Abl. | famili-ā                         | famili-īs                          |

**2. oder o-Deklination** (meist *m.*)

|      | Sg.                              | Pl.                                |
|------|----------------------------------|------------------------------------|
| Nom. | amīc-us                          | amīc-ī                             |
| Gen. | amīc-ī   des/eines Freundes      | amīc-ōrum   der/von Freunden       |
| Dat. | amīc-ō                           | amīc-īs                            |
| Akk. | amīc-um                          | amīc-ōs                            |
| Abl. | amīc-ō                           | amīc-īs                            |

**2. oder o-Deklination** (*n.*)

|      | Sg.     | Pl.       |
|------|---------|-----------|
| Nom. | vīn-um  | vīn-a     |
| Gen. | vīn-ī   | vīn-ōrum  |
| Dat. | vīn-ō   | vīn-īs    |
| Akk. | vīn-um  | vīn-a     |
| Abl. | vīn-ō   | vīn-īs    |

**FÜR SPÄTER**

**3. Deklination** (*m./f.*)

|      | Sg.       | Pl.          |
|------|-----------|--------------|
| Nom. | homō      | homin-ēs     |
| Gen. | homin-is  | homin-um*    |
| Dat. | homin-ī   | homin-ibus   |
| Akk. | homin-em  | homin-ēs     |
| Abl. | homin-e   | homin-ibus   |

**3. Deklination** (*n.*)

|      | Sg.       | Pl.          |
|------|-----------|--------------|
| Nom. | nōmen     | nōmin-a      |
| Gen. | nōmin-is  | nōmin-um     |
| Dat. | nōmin-ī   | nōmin-ibus   |
| Akk. | nōmen     | nōmin-a      |
| Abl. | nōmin-e   | nōmin-ibus   |

\* Manche Substantive bilden den Gen. Pl. mit der Endung -ium. (Formvarianten gibt es auch in anderen Kasus.)

**4. oder u-Deklination** (meist *m.*)

|      | Sg.     | Pl.       |
|------|---------|-----------|
| Nom. | ūs-us   | ūs-ūs     |
| Gen. | ūs-ūs   | ūs-uum    |
| Dat. | ūs-uī   | ūs-ibus   |
| Akk. | ūs-um   | ūs-ūs     |
| Abl. | ūs-ū    | ūs-ibus   |

**5. oder e-Deklination** (meist *f.*)

|      | Sg.    | Pl.     |
|------|--------|---------|
| Nom. | r-ēs   | r-ēs    |
| Gen. | r-eī   | r-ērum  |
| Dat. | r-eī   | r-ēbus  |
| Akk. | r-em   | r-ēs    |
| Abl. | r-ē    | r-ēbus  |

### Funktionen

a) **Hauptfunktion: Besitzangabe (»wessen? / wovon?«)**
   Der Genitiv gibt den Besitzer an und antwortet auf die Frage »wessen? / wovon?« (Genitivus possessivus).

   Seneca amīcus Lūcīliī est.
   *Seneca ist ein Freund des Lucilius / von Lucilius.*

Speziellere Genitivfunktionen:

b) **Genitiv der Beschaffenheit (Genitivus qualitatis)**
   Der Genitiv kann auch die Beschaffenheit oder eine besondere Eigenschaft ausdrücken:

   Seneca vir magnae cūrae est.
   *Seneca ist ein Mann von großer Sorgfalt / ein sehr sorgfältiger Mann.*

c) **Genitiv des geteilten Ganzen (Genitivus partitivus)**
   Wie im Deutschen steht der Genitiv, wenn es um den Teil von etwas geht; der Genitiv bezeichnet dann das Ganze:

   multī virōrum        viele (der) Männer
   cōpia virōrum        eine Menge an Männern / eine Menge Männer
   quis hominum?        wer von den Menschen?

d) **Genitivus subiectivus und Genitivus obiectivus**
   Der Genitiv drückt meistens das (gedachte) Subjekt einer Handlung aus, manchmal aber auch das Objekt:

   die Schilderung des Reporters (wer schildert? → der Reporter)
   die Schilderung des Fußballspiels (wen oder was schildert er? → das Fußballspiel)

   Oft ist auch beides denkbar: die Schilderung des Mannes

   Im Lateinischen gibt es ebenfalls Fälle, in denen beides sein kann. Hier muss man bei der Übersetzung je nach Zusammenhang entscheiden, was gemeint ist:

   cūra amīcī   *die Sorge des Freundes / die Sorge um den Freund*

e) **Genitiv des Wertes (Genitivus pretii)**

   Vīnum magnī (pretiī) est. *(Der Wein ist von großem Preis.)* → *Der Wein ist viel wert / teuer.*

   Rōmānī Senecam magnī faciunt / aestimant.   *Die Römer schätzen Seneca sehr.*

# 4.5 Dativ (3. Fall)

### Formen

**1. oder a-Deklination** (meist *f.*)

|      | Sg.                          | Pl.                       |
|------|------------------------------|---------------------------|
| Nom. | famili-a                     | famili-ae                 |
| Gen. | famili-ae                    | famili-ārum               |
| Dat. | famili-**ae**   der/einer Familie | famili-**īs**   (den) Familien |
| Akk. | famili-am                    | famili-ās                 |
| Abl. | famili-ā                     | famili-īs                 |

**2. oder o-Deklination** (meist *m.*)

|      | Sg.                          | Pl.                       |
|------|------------------------------|---------------------------|
| Nom. | amīc-us                      | amīc-ī                    |
| Gen. | amīc-ī                       | amīc-ōrum                 |
| Dat. | amīc-**ō**   dem/einem Freund | amīc-**īs**   (den) Freunden |
| Akk. | amīc-um                      | amīc-ōs                   |
| Abl. | amīc-ō                       | amīc-īs                   |

**2. oder o-Deklination** (*n.*)

|      | Sg.       | Pl.        |
|------|-----------|------------|
| Nom. | vīn-um    | vīn-a      |
| Gen. | vīn-ī     | vīn-ōrum   |
| Dat. | vīn-**ō** | vīn-**īs** |
| Akk. | vīn-um    | vīn-a      |
| Abl. | vīn-ō     | vīn-īs     |

**FÜR SPÄTER**

**3. Deklination** (*m./f.*)

|      | Sg.       | Pl.           |
|------|-----------|---------------|
| Nom. | homō      | homin-ēs      |
| Gen. | homin-is  | homin-um      |
| Dat. | homin-**ī** | homin-**ibus** |
| Akk. | homin-em  | homin-ēs      |
| Abl. | homin-e   | homin-ibus    |

**3. Deklination** (*n.*)

|      | Sg.        | Pl.            |
|------|------------|----------------|
| Nom. | nōmen      | nōmin-a        |
| Gen. | nōmin-is   | nōmin-um       |
| Dat. | nōmin-**ī** | nōmin-**ibus** |
| Akk. | nōmen      | nōmin-a        |
| Abl. | nōmin-e    | nōmin-ibus     |

**4. oder u-Deklination** (meist *m.*)

|      | Sg.        | Pl.          |
|------|------------|--------------|
| Nom. | ūs-us      | ūs-ūs        |
| Gen. | ūs-ūs      | ūs-uum       |
| Dat. | ūs-**uī**  | ūs-**ibus**  |
| Akk. | ūs-um      | ūs-ūs        |
| Abl. | ūs-ū       | ūs-ibus      |

**5. oder e-Deklination** (meist *f.*)

|      | Sg.       | Pl.         |
|------|-----------|-------------|
| Nom. | r-ēs      | r-ēs        |
| Gen. | r-eī      | r-ērum      |
| Dat. | r-**eī**  | r-**ēbus**  |
| Akk. | r-em      | r-ēs        |
| Abl. | r-ē       | r-ēbus      |

### Funktionen

a) **Hauptfunktion: Dativobjekt (»wem?« oder »für wen?«)**
   Der Dativ gibt an, wer von der Handlung profitiert, und antwortet auf die Frage »wem?« oder »für wen?« (Dativus commodi):

   | Seneca | amīcō | dīcit: | »Cūncta | amīcīs meīs | parāta sunt.« |
   |---|---|---|---|---|---|
   | *Seneca* | *sagt* | *seinem Freund*: | *»Alles ist* | *für meine Freunde* | *vorbereitet.«* |

Speziellere Dativfunktionen

b) **Dativ des Besitzers (Dativus possessivus)**
   Mit dem Dativ + *esse* wird der Besitzer angegeben:

   **Senecae** multī servī **sunt**.
   *(Dem Seneca sind viele Sklaven. = Dem Seneca gehören viele Sklaven.)*
   → **Seneca hat** viele Sklaven.

c) **Dativ der Wirkung und des Zwecks (Dativus finalis):**
   Der Dativ bezeichnet die tatsächliche oder beabsichtigte Wirkung. Häufig steht er in Verbindung mit *esse*, das dann so etwas bedeutet wie »dienen zu etwas; etwas bringen«. Meist muss jedoch freier übersetzt werden:

   **auxiliō** esse   »zur Hilfe dienen« → Hilfe bringen
   **magnae cūrae** esse   »große Sorge bringen« → Sorgen machen
   **perīculō** esse   »Gefahr bringen« → gefährlich sein
   **ūsuī** esse   »Nutzen bringen« → nützlich sein
   **gaudiō** esse   »Freude bringen« → erfreuen

   Oft wird hier mit einem doppelten Dativ konstruiert:

   **Senecae** amīcus **magnae cūrae** est.   Seneca macht sich große Sorgen um seinen Freund.

d) **Dativ der handelnden Person beim Gerundiv (Dativus auctoris)**
   (s. S. 44, c)

FÜR SPÄTER

## 4.6 Akkusativ (4. Fall)

### Formen

| 1. oder a-Deklination (meist *f.*) | | |
|---|---|---|
| | Sg. | Pl. |
| Nom. | famili-a | famili-ae |
| Gen. | famili-ae | famili-ārum |
| Dat. | famili-ae | famili-īs |
| Akk. | famili-**am**   die / eine Familie | famili-**ās**   (die) Familien |
| Abl. | famili-ā | famili-īs |

| 2. oder o-Deklination (meist *m.*) | | |
|---|---|---|
| | Sg. | Pl. |
| Nom. | amīc-us | amīc-ī |
| Gen. | amīc-ī | amīc-ōrum |
| Dat. | amīc-ō | amīc-īs |
| Akk. | amīc-**um**   den / einen Freund | amīc-**ōs**   (die) Freunde |
| Abl. | amīc-ō | amīc-īs |

| 2. oder o-Deklination *(n.)* | | |
|---|---|---|
| | Sg. | Pl. |
| Nom. | vīn-um | vīn-a |
| Gen. | vīn-ī | vīn-ōrum |
| Dat. | vīn-ō | vīn-īs |
| Akk. | vīn-**um** | vīn-**a** |
| Abl. | vīn-ō | vīn-īs |

**FÜR SPÄTER**

| 3. Deklination *(m./f.)* | | |
|---|---|---|
| | Sg. | Pl. |
| Nom. | homō | homin-ēs |
| Gen. | homin-is | homin-um |
| Dat. | homin-ī | homin-ibus |
| Akk. | homin-**em** | homin-**ēs** |
| Abl. | homin-e | homin-ibus |

| 3. Deklination *(n.)* | | |
|---|---|---|
| | Sg. | Pl. |
| Nom. | nōmen | nōmin-a |
| Gen. | nōmin-is | nōmin-um |
| Dat. | nōmin-ī | nōmin-ibus |
| Akk. | **nōmen** | nōmin-**a** |
| Abl. | nōmin-e | nōmin-ibus |

| 4. oder u-Deklination (meist *m.*) | | |
|---|---|---|
| | Sg. | Pl. |
| Nom. | ūs-us | ūs-ūs |
| Gen. | ūs-ūs | ūs-uum |
| Dat. | ūs-uī | ūs-ibus |
| Akk. | ūs-**um** | ūs-**ūs** |
| Abl. | ūs-ū | ūs-ibus |

| 5. oder e-Deklination (meist *f.*) | | |
|---|---|---|
| | Sg. | Pl. |
| Nom. | r-ēs | r-ēs |
| Gen. | r-eī | r-ērum |
| Dat. | r-eī | r-ēbus |
| Akk. | r-**em** | r-**ēs** |
| Abl. | r-ē | r-ēbus |

## Funktionen

a) **Hauptfunktion: Der Akkusativ als Objekt (»wen oder was?«)**
   Der Akkusativ ist häufig das direkte Objekt im Satz (vgl. Satzmodell, S. 8) und antwortet auf die Frage »wen oder was?«.

   Plīnius amīcum exspectat.
   *Plinius erwartet seinen Freund.*

b) **Der Akkusativ als Adverbiale**
   Der Akkusativ – mit oder ohne Präposition – drückt oft eine Richtung aus (Frage: »wohin?«) und füllt dann im Satz die Stelle eines Adverbiale (vgl. Satzmodell, S. 8).

   ad cēnam          Rōmam
   *zum Abendessen*  *nach Rom*

   Ähnlich wie eine Richtung kann der Akkusativ eine Strecke im Raum oder auch in der Zeit angeben (Frage: »wie lang? / wie hoch?« etc. bzw. »wie lange?«):

   mūrus decem pedēs longus        decem annōs
   *eine zehn Fuß lange Mauer*     *zehn Jahre (lang)*

   Es handelt sich, wie auch in der deutschen Übersetzung, um eine Raum-Zeit-Metapher, eine der in unseren Sprachen häufigen Metapherarten, vgl. S. 49.

   FÜR SPÄTER

### Zusammenfassung: Subjekt und Akkusativobjekt

Subjekt und Akkusativobjekt erkennt man an ihren Endungen*. Für die Substantive der a- und o-Deklination sind das folgende:

FÜR DEN ANFANG

| Subjekt im Nominativ | Objekt im Akkusativ | Prädikat |
|---|---|---|
| **Domin**us (dominī) | amīc**um** / amīc**ōs** | |
| **Famili**a (familiae) | cēn**am** / cēn**ās** | exspecta**t** (exspecta**nt**). |
| **Scort**um (scorta) (Prostituierte) | vīn**um** / vīn**a** | |

\* Achtung: Manche Endungen sind mehrdeutig!

# 4.7 Ablativ (5. Fall)

### Formen

| 1. oder a-Deklination (meist *f.*) | | |
|---|---|---|
| | Sg. | Pl. |
| Nom. | famili-a | famili-ae |
| Gen. | famili-ae | famili-ārum |
| Dat. | famili-ae | famili-īs |
| Akk. | famili-am | famili-ās |
| Abl. | famili-ā | famili-īs |

| 2. oder o-Deklination (meist *m.*) | | |
|---|---|---|
| | Sg. | Pl. |
| Nom. | amīc-us | amīc-ī |
| Gen. | amīc-ī | amīc-ōrum |
| Dat. | amīc-ō | amīc-īs |
| Akk. | amīc-um | amīc-ōs |
| Abl. | amīc-ō | amīc-īs |

| 2. oder o-Deklination (*n.*) | | |
|---|---|---|
| | Sg. | Pl. |
| Nom. | vīn-um | vīn-a |
| Gen. | vīn-ī | vīn-ōrum |
| Dat. | vīn-ō | vīn-īs |
| Akk. | vīn-um | vīn-a |
| Abl. | vīn-ō | vīn-īs |

**FÜR SPÄTER**

| 3. Deklination (*m./f.*) | | |
|---|---|---|
| | Sg. | Pl. |
| Nom. | homō | homin-ēs |
| Gen. | homin-is | homin-um |
| Dat. | homin-ī | homin-ibus |
| Akk. | homin-em | homin-ēs |
| Abl. | homin-e | homin-ibus |

| 3. Deklination (*n.*) | | |
|---|---|---|
| | Sg. | Pl. |
| Nom. | nōmen | nōmin-a |
| Gen. | nōmin-is | nōmin-um |
| Dat. | nōmin-ī | nōmin-ibus |
| Akk. | nōmen | nōmin-a |
| Abl. | nōmin-e | nōmin-ibus |

| 4. oder u-Deklination (meist *m.*) | | |
|---|---|---|
| | Sg. | Pl. |
| Nom. | ūs-us | ūs-ūs |
| Gen. | ūs-ūs | ūs-uum |
| Dat. | ūs-uī | ūs-ibus |
| Akk. | ūs-um | ūs-ūs |
| Abl. | ūs-ū | ūs-ibus |

| 5. oder e-Deklination (meist *f.*) | | |
|---|---|---|
| | Sg. | Pl. |
| Nom. | r-ēs | r-ēs |
| Gen. | r-eī | r-ērum |
| Dat. | r-eī | r-ēbus |
| Akk. | r-em | r-ēs |
| Abl. | r-ē | r-ēbus |

### Funktionen

Der Ablativ ist ein Fall, den es so im Deutschen nicht gibt. Er hat mehrere unterschiedliche Funktionen, die als Folge einer frühen sprachlichen Entwicklung ihre eigenen Formen einbüßten und unter die eine Form »Ablativ« gerieten. Für die Übersetzung einer Ablativform muss man deshalb auf <u>Kontext und Inhalt</u> schauen; nur so lässt sich entscheiden, welche Funktion vorliegt.

a) Hauptfunktionen

Der Ablativ hat vier Hauptfunktionen, nach denen man wie folgt fragt:

| Frage | Bezeichnungen für die Funktion | | |
|---|---|---|---|
| ① Wo? → Wann? | Abl. des Ortes → der Zeit | (Abl. loci → Abl. temporis) | Lokativ |
| ② Woher? Wovon? | Abl. der Trennung | (Abl. separativus) | Separativ |
| ③ Mit wem? | Abl. der Begleitung | (Abl. sociativus) | Soziativ |
| ④ Womit? Wodurch? | Abl. des Mittels | (Abl. instrumentalis) | Instrumental |

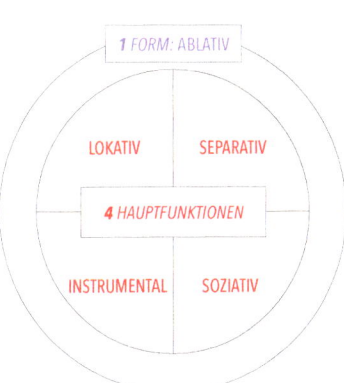

① Amīcī *in triclīniō* sunt.
  → wo?* *Die Freunde sind im Speisezimmer.*

  Amīcī *decimā hōrā* veniunt.
  → wann?* *Die Freunde kommen in der zehnten Stunde.*

  *Die zweifache Funktion beruht, wie auch im Deutschen, auf einer Raum-Zeit-Metapher (vgl. S. 49).

② Amīcī *sine cūrīs* cēnant.
  → wovon? *Die Freunde essen ohne Sorgen / frei von Sorgen.*

③ Amīcī *cum Plīniō* cēnant.
  → mit wem? *Die Freunde essen mit Plinius.*

④ Plīnius amīcōs *vīnō* nōn occīdit.
  → womit? *Plinius bringt seine Freunde mit dem Wein nicht um.*

Lokativ, Separativ und Soziativ werden meistens mit einer Präposition verdeutlicht, nicht aber Instrumental und Lokativ der Zeit.

b) Speziellere, abgeleitete Ablativfunktionen

**Ablativ des Vergleichs (Ablativus comparationis / Separativus comp.)**
In Vergleichen kann der Ablativ der Trennung das Vergleichsobjekt angeben:

*Tacitō* Plīnius hilarior est.
*Plinius ist unterhaltsamer als Tacitus. (Von Tacitus aus gesehen ist Plinius unterhaltsamer.)*

**Ablativ der Art und Weise (Ablativus modi / Sociativus modi): »wie?«**
Der Ablativ kann einen Begleitumstand angeben:

Plīnius *magnā* (cum) *cūrā* amīcum exspectat.
*Plinius wartet mit großer Sorge auf seinen Freund.*

**Ablativ der Eigenschaft (Ablativus qualitatis / Soc. qual.): »wie beschaffen?«**
Der Ablativ gibt an, welche Eigenschaft eine Person begleitet:

Plīnius vir *magnā cūrā* est.
*Plinius ist ein Mann von großer Sorgfalt / ein sehr sorgfältiger Mann.*

**Ablativ des Grundes (Ablativus causae / Instrumentalis causae): »warum?«**

Multī *malā fortūnā* servī sunt.
*Viele Menschen sind durch → aufgrund eines unglücklichen Schicksals Sklaven.*

**Ablativ des Maßes (Ablativus mensurae / Instr. mens.): »um wie viel?«**

*multō* māior    *(um) viel(es)* größer

# 5. Adjektive

## 5.1 Adjektive: KNG-Kongruenz

Adjektive beschreiben meistens ein Substantiv näher:

*der gute Freund / Der Freund ist gut.*

Im Lateinischen ist das genauso – nur passt sich das Adjektiv *immer* an das Substantiv an – und zwar in Kasus (Fall), Numerus (Einzahl / Mehrzahl) und Genus (Geschlecht).

| Plīnius  amīcōs bonōs  exspectat. | Amīcus  bonus  est. |
|---|---|
| *Plinius  erwartet  gute Freunde.* | *Der Freund  ist  gut.* |

## 5.2 Formen der Adjektive

a) Adjektive der a- und o-Deklination
Adjektive haben für jedes Genus eine Endung: bonus, bona, bonum.
Dekliniert werden sie wie die Substantive der a- und o-Deklination (s. auch Tabelle S. 51).

Manche Adjektive enden im Nom. Sg. m. auf -er (z. B. pulcher, pulchra, pulchrum).

b) Adjektive der 3. Deklination
Diese Adjektive werden grundsätzlich dekliniert wie die Substantive der 3. Deklination (Abweichungen s. Tabelle S. 52).

**FÜR SPÄTER**

## 5.3 Schwierigkeiten bei der KNG-Kongruenz

Gehören Substantiv und Adjektiv zur gleichen Deklination, so ist die Kongruenz leicht zu erkennen, da beide dieselben Endungen haben:

| Videō  amīcōs bonōs. | *Ich sehe gute Freunde.* |
|---|---|
| Videō  hominem ingentem. | *Ich sehe einen riesigen Menschen.* |

Oft ist das aber nicht der Fall, nämlich wenn Substantiv und Adjektiv zu unterschiedlichen Deklinationen gehören. Dann hilft nur, die Formen zu bestimmen:

Videō  hominēs  bonōs.
          Akk. Pl. m.  Akk. Pl. m.

## 5.4 Die Funktionen von Adjektiven im Satz

Adjektive können folgende Funktionen im Satz übernehmen:
a)  Attribut: Das Adjektiv beschreibt ein Substantiv näher:

>  Plīnius amīcōs bonōs (ad cēnam) exspectat.
>  *Plinius erwartet gute Freunde (zum Essen).*

b)  Prädikatsnomen: Das Adjektiv ist notwendige Satzergänzung zu *esse* »sein«.

>  Vīnum bonum est.
>  *Der Wein ist gut.*

(Im Deutschen und Englischen wird das Prädikatsnomen nicht an das Bezugswort angepasst, im Lateinischen und in den romanischen Sprachen dagegen schon.)

c)  Prädikativum: s. S. 46


## 5.5 Substantivierte Adjektive

Adjektive können anstelle eines Substantivs verwendet werden:

| | |
|---|---|
| malum | *das Schlechte, das Übel* |
| bonum | *das Gute* |
| sapiēns | *der Weise* |
| vērum / vēra | *die Wahrheit* |


## 5.6 Steigerung der Adjektive

### Formen

Die meisten Adjektive können gesteigert werden:

| lang | länger | der längste |
|---|---|---|
| (Positiv) | (Komparativ) | (Superlativ) |

Im Lateinischen erkennt man den
- Komparativ an dem Suffix -ior / -ius: longus → long-ior (m. / f.) / long-ius (n.)
  Der Komparativ aller Wörter geht immer nach der 3. Dekl. (s. S. 52)!
- Superlativ an dem Suffix -issim-us: longus → long-issim-us, a, um
  (bei den er-Adjektiven auf -rim-us: pulcher-rim-us)
  Der Superlativ aller Wörter geht immer nach der a- / o-Dekl.!

Wie im Deutschen bilden einige Adjektive besondere Steigerungsformen, z. B.:

| | |
|---|---|
| bonus, melior, optimus | *gut, besser, der beste* |
| malus, peior, pessimus | *schlecht, schlechter, der schlechteste* |
| magnus, māior, maximus | *groß, größer, der größte* |
| parvus, minor, minimus | *klein, kleiner, der kleinste* |
| multī, plūrēs, plūrimī | *viele, mehr, die meisten* |

FÜR SPÄTER

### Funktion und Übersetzung

Die Steigerung funktioniert im Lateinischen ähnlich wie im Deutschen:

> Crēta pulchrior est quam patria.
> *Kreta ist schöner als meine Heimat.* (meine Heimat: Vergleichsobjekt)

> Crēta pulcherrima omnium īnsulārum est.
> *Kreta ist die schönste aller Inseln.* (aller Inseln: Vergleichsobjekt)

**FÜR SPÄTER**

a) Ablativ des Vergleichs *(Ablativus comparationis bzw. Separativus comp.)*
   Statt *quam* »als« kann auch ein bloßer Ablativ stehen (s. S. 19b):

   > Crēta pulchrior est patriā.
   > *Kreta ist schöner als meine Heimat.*

b) Elativ (= hervorhebender Gebrauch)
   Manchmal werden Komparativ und Superlativ ohne Vergleichsobjekt verwendet:

   > Athēnae urbs māior est.
   > *Athen ist eine größere Stadt = eine relativ / ziemlich große Stadt.*

   > Plīnius amīcīs vīnum optimum emit.
   > *Plinius kauft für seine Freunde besten Wein = sehr guten Wein.*

## 5.7 Von Adjektiven abgeleitete Adverbien

### Formen

- Adjektive der a-/o-Deklination: Adverbien auf -ē: longus → longē
- Adjektive der 3. Deklination: Adverbien auf -i-ter: celer → celer-i-ter

### Verwendung und Übersetzung

Adverbien bezeichnen die Art und Weise, wie ein Vorgang geschieht; im Deutschen sind sie endungslos.

> Daedalus graviter dīcit: »Celerrimē effugere dēbēmus!«
> *Daedalus sagt ernst: »Wir müssen ganz schnell fliehen!«*

### Steigerung der Adverbien

- Den Komparativ erkennt man am Suffix -ius: long-ius    *länger*
- Den Superlativ erkennt man am Suffix -issim-ē: long-issim-ē    *am längsten / sehr lang*

# 6. Pronomina

Eine Übersicht über die verschiedenen Pronomina und ihre Deklination befindet sich im Tabellenteil S. 54/55. Hier werden ausgewählte Pronomina ausführlicher behandelt.

## 6.1 *is, ea, id*

### Formen

Bis auf die markierten Ausnahmen entsprechen die Formen denjenigen der a- und o-Deklination und sind daher leicht erschließbar.

|      | Sg.  |      |     | Pl.   |       |       |
|------|------|------|-----|-------|-------|-------|
|      | m.   | f.   | n.  | m.    | f.    | n.    |
| Nom. | is   | ea   | id  | iī    | eae   | ea    |
| Gen. | eius |      |     | eōrum | eārum | eōrum |
| Dat. | eī   |      |     | iīs   |       |       |
| Akk. | eum  | eam  | id  | eōs   | eās   | ea    |
| Abl. | eō   | eā   | eō  | iīs   |       |       |

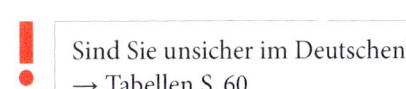  Sind Sie unsicher im Deutschen?
→ Tabellen S. 60

### Funktionen und Übersetzung

a) nichtreflexives Personalpronomen der 3. Person: er / sie / es

   Vidēs-ne Mārcum? – Ita. **Eum** videō.   *Siehst du Markus? – Ja. Ich sehe ihn.*

b) im Genitiv: nichtreflexives Possessivpronomen der 3. Person: sein / ihr

   Vidēs-ne amīcum Mārcī? – Ita. Amīcus **eius** magnus est.
   *Siehst du den Freund von Markus? – Ja. Sein Freund ist groß.*

c) abgeschwächtes Demonstrativpronomen: dieser / diese / dieses

   Vidēs-ne **eum virum**?   *Siehst du diesen Mann?*

## 6.2 *hic, haec, hoc* und *ille, illa, illud* (Demonstrativpronomina)

### Formen

Die Formen von *hic, haec, hoc* und *ille, illa, illud* sind ähnlich wie diejenigen von *is, ea, id*. Bis auf einige Ausnahmen entsprechen sie den Formen der a- und o-Deklination und sind daher leicht erschließbar (s. auch Tabellen S. 54).

### Verwendung und Übersetzung

- *hic, haec, hoc* verweist auf etwas, was nahe beim Sprecher ist: dieser (hier, bei mir)\*
- *ille, illa, illud* verweist auf etwas, was weiter weg ist: dieser (dort) / jener

\* Das an die Formen angehängte -c verstärkt die Zeigefunktion.

# 6.3 *qui, quae, quod* (Relativpronomen)

## Formen

Die Formen entsprechen meist denjenigen der a- und o-Deklination, teils der 3. Deklination und sind daher leicht erschließbar.

|      | Sg.   |       |      | Pl.    |        |        |
|------|-------|-------|------|--------|--------|--------|
|      | m.    | f.    | n.   | m.     | f.     | n.     |
| Nom. | quī   | quae  | quod | quī    | quae   | quae   |
| Gen. |       | cuius |      | quōrum | quārum | quōrum |
| Dat. |       | cui   |      |        | quibus |        |
| Akk. | quem  | quam  | quod | quōs   | quās   | quae   |
| Abl. | quō   | quā   | quō  |        | quibus |        |

## Funktionen und Übersetzung

a) im Relativsatz

*Qui, quae, quod* kann einen Relativsatz einleiten:

> Iuppiter Eurōpam videt, quae saepe ad lītus venit.
>
> *Jupiter sieht Europa, die / welche oft zum Strand kommt.*

 Sind Sie unsicher mit den deutschen Relativpronomina? → Tabelle S. 60

b) als relativischer Satzanschluss

Das Lateinische benutzt das Relativpronomen aber auch, um Hauptsätze ganz eng miteinander zu verbinden. Im Deutschen übersetzt man dann mit einem Demonstrativ- oder Personalpronomen:

> Iuppiter Eurōpam videt. Quae pulchra est.
>
> *Jupiter sieht Europa. Diese / sie ist schön.*

### FÜR SPÄTER

**Verschränkte Relativsätze**

Ein AcI kann mit einem Relativsatz so verschränkt sein, dass das Relativpronomen gleichzeitig Teil des AcI ist.

> Iuppiter Eurōpam, quam pulchram esse videt, amat.
> *Jupiter liebt Europa, von der er sieht, dass sie schön ist.*

**Konjunktivische Relativsätze**

s. S. 31.

# 7. Verben

Verben sind Wörter, die eine Tätigkeit beschreiben, z. B. gehen, sehen, frieren.

## 7.1 Infinitiv und Konjugation

Ein Verb in der Grundform nennt man Infinitiv. Im Lateinischen erkennt man den Infinitiv Präsens Aktiv an der Endung -re, im Deutschen an der Endung -en: vidē-re   seh-en.

Man unterscheidet fünf Konjugationen:

| laudā-re | a-Konjugation |
|---|---|
| vidē-re | e-Konjugation |
| audī-re | i-Konjugation |
| dic-ĕ-re | konsonantische Konjugation |
| facĕ-re | kurzvokalische Konjugation |

Der Infinitiv gibt nicht immer Aufschluss über die Konjugation. Zusammen mit der 1. Person Singular ist die Zuordnung eindeutig (s. Tabellen S. 56).

## 7.2 Finite Verbformen

Im Deutschen bilden wir Verbformen, indem wir das Wort selbst ändern, aber auch, indem wir es mit verschiedenen Hilfsverben kombinieren:

    ich seh-e           ich hatte gesehen

Im Lateinischen stecken noch mehr Informationen direkt im Wort selbst bzw. in der Endung:

    vide-ō  *ich sehe*        vīd-era-m  *ich hatte gesehen*

Besonders auffällig ist, dass das Lateinische – ähnlich wie das Spanische, das Italienische oder das Türkische – kein Personalpronomen (ich, du, er / sie / es …) benötigt. Die Information über die Person steckt bereits in der Endung.

## 7.3 Die Tempora im Aktiv: Präsensstamm

### 7.3.1 Der Indikativ Präsens Aktiv

| 1. Pers. Sg. | vide-ō | ich sehe |
|---|---|---|
| 2. Pers. Sg. | vidē-s | du siehst |
| 3. Pers. Sg. | vide-t | er / sie / es sieht |
| 1. Pers. Pl. | vidē-mus | wir sehen |
| 2. Pers. Pl. | vidē-tis | ihr seht |
| 3. Pers. Pl. | vide-nt | sie sehen |

Die Endungen sind in jeder Konjugation gleich. Allerdings sind die Vokale vor der Endung unterschiedlich (vgl. Tabelle auf S. 56).

### 7.3.2 Der Indikativ Imperfekt Aktiv

a) Formen

Das Imperfekt ist an dem Tempuskennzeichen -ba- zu erkennen:

| 1. Pers. Sg. | vidē-ba-m   | ich sah        |
|--------------|-------------|----------------|
| 2. Pers. Sg. | vidē-bā-s   | du sahst       |
| 3. Pers. Sg. | vidē-ba-t   | er/sie/es sah  |
| 1. Pers. Pl. | vidē-bā-mus | wir sahen      |
| 2. Pers. Pl. | vidē-bā-tis | ihr saht       |
| 3. Pers. Pl. | vidē-ba-nt  | sie sahen      |

b) Funktion und Übersetzung

Für die Vergangenheit gibt es im Lateinischen mehrere Tempora; die beiden wichtigsten sind:
- Perfekt (vgl. S. 27): normales Erzähltempus
- Imperfekt: besonders markierte Aussagen, eine Art »Vergangenheit Plus«*

Mit dem Imperfekt betont der Autor, dass das Ereignis zum damaligen Zeitpunkt gerade ablief und noch nicht abgeschlossen war (vgl. im Englischen die -ing-Form).

**FÜR SPÄTER**

Daher kann man das Imperfekt auch verwenden für
a) Ereignisse, die wiederholt stattfanden,
b) Ereignisse, die einen bloßen Versuch darstellten.

Im Deutschen hat das Präteritum diese Zusatzfunktion nicht; wir können sie aber, wenn wir diesen Aspekt besonders betonen wollen, durch Umschreibungen ausdrücken:

  Britannī cum Rōmānīs pūgnābant.    *Die Britannier kämpften immer wieder mit den Römern.*

  Caesar Britannōs vincēbat.    *Caesar versuchte, die Britannier zu besiegen.*

* Diese Unterscheidung zwischen Perfekt und Imperfekt kennen viele Sprachen, z. B. das Französische oder Spanische.

### 7.3.3 Der Indikativ Futur I Aktiv

a) Formen

Das Futur ist neben dem Konjunktiv Präsens das einzige Tempus, bei dem sich die Bildung je nach Konjugation unterscheidet (vgl. die Tabellen auf S. 56 f.).

| a- und e-Konjugation | | |
|---|---|---|
| 1. Pers. Sg. | vidē-b-ō    | ich werde sehen       |
| 2. Pers. Sg. | vidē-bi-s   | du wirst sehen        |
| 3. Pers. Sg. | vidē-bi-t   | er/sie/es wird sehen  |
| 1. Pers. Pl. | vidē-bi-mus | wir werden sehen      |
| 2. Pers. Pl. | vidē-bi-tis | ihr werdet sehen      |
| 3. Pers. Pl. | vidē-bu-nt  | sie werden sehen      |

| i-, kons. und kurzvok. Konj. | |
|---|---|
| 1. Pers. Sg. | audi-a-m   |
| 2. Pers. Sg. | audi-ē-s   |
| 3. Pers. Sg. | audi-e-t   |
| 1. Pers. Pl. | audi-ē-mus |
| 2. Pers. Pl. | audi-ē-tis |
| 3. Pers. Pl. | audi-e-nt  |

### b) Funktion und Übersetzung

Das lateinische Futur entspricht im Prinzip dem deutschen Futur. Allerdings verwenden wir im Deutschen oft auch für zukünftige Ereignisse das Präsens.

> Amīcum crās vidēbō.　　*Ich sehe meinen Freund morgen.*

## 7.4 Die Tempora im Aktiv: Perfektstamm

Im Lateinischen gibt es unterschiedliche Stammformen:
- den Präsensstamm:　　　　exspect-ō　　　　*ich warte*
- den Perfektstamm aktiv:　　exspectāv-ī　　　*ich wartete*
- den Perfektstamm passiv:　　exspectātus, a, um　　*gewartet*

Bildung der Stammformen:
- Verben der a-Konjugation:　　exspectāv-ī　　　exspectāt-us, a, um
- Verben der e-Konjugation:　　habu-ī　　　　　hábit-us, a, um
- Verben der i-Konjugation:　　audīv-ī　　　　　audit-us, a, um
- kons. und kurzvok. Konjugation: unregelmäßig, müssen mitgelernt oder im Wörterbuch nachgeschlagen werden. (Auch einige Wörter der anderen Konjugationen haben unregelmäßige Stammformen.)

### 7.4.1 Der Indikativ Perfekt Aktiv

#### a) Formen

Das lateinische Perfekt ist an zwei Kennzeichen zu erkennen:
1. Es wird gebildet vom Perfektstamm Aktiv.
2. Es hat als einziges Tempus eigene Personalendungen:

| | | |
|---|---|---|
| 1. Pers. Sg. | exspectāv-ī | ich wartete / habe gewartet |
| 2. Pers. Sg. | exspectāv-istī | du wartetest |
| 3. Pers. Sg. | exspectāv-it | er / sie / es wartete |
| 1. Pers. Pl. | exspectāv-imus | wir warteten |
| 2. Pers. Pl. | exspectāv-istis | ihr wartetet |
| 3. Pers. Pl. | exspectāv-ērunt | sie warteten |

#### b) Funktion und Übersetzung

Das Perfekt ist im Lateinischen das normale Erzähltempus und wird im Deutschen mit dem Präteritum wiedergegeben:

> Caesar Britanniam petīv-it.
> *Caesar fuhr nach Britannien.*

In der gesprochenen Sprache (z. B. in Dialogen) und für Feststellungen verwendet das Deutsche (wie das Lateinische) das Perfekt:

> Caesar: »In Britanniam vēn-ī.«
> *Caesar (sagte): »Ich bin nach Britannien gekommen.«*

### 7.4.2 Der Indikativ Plusquamperfekt Aktiv

a) Formen

Das Plusquamperfekt wird gebildet vom Perfektstamm (vgl. S. 27).
Es wird gebildet mit dem Tempuszeichen -era- und den Personalendungen:

| 1. Pers. Sg. | exspectāv-era-m | ich hatte gewartet |
| --- | --- | --- |
| 2. Pers. Sg. | exspectāv-erā-s | du hattest gewartet |
| 3. Pers. Sg. | exspectāv-era-t | er/sie/es hatte gewartet |
| 1. Pers. Pl. | exspectāv-erā-mus | wir hatten gewartet |
| 2. Pers. Pl. | exspectāv-erā-tis | ihr hattet gewartet |
| 3. Pers. Pl. | exspectāv-era-nt | sie hatten gewartet |

b) Funktion und Übersetzung

Das lateinische Plusquamperfekt wird genauso verwendet wie das deutsche: Es beschreibt Ereignisse, die zum Zeitpunkt der Erzählung in der Vergangenheit bereits passiert waren (»Vorvergangenheit«).

Pūgna ācris erat. Nam Britannī Rōmānōs exspectāverant.
*Der Kampf war heftig. Denn die Briten hatten die Römer erwartet.*

### 7.4.3 Der Indikativ Futur II Aktiv

a) Formen

Das Futur II wird gebildet vom Perfektstamm (vgl. S. 27).
Es wird gebildet mit dem Tempuszeichen -er- / -eri- und den Personalendungen:

| 1. Pers. Sg. | exspectāv-er-ō | ich werde gewartet haben / ich habe gewartet |
| --- | --- | --- |
| 2. Pers. Sg. | exspectāv-eri-s | du hast gewartet |
| 3. Pers. Sg. | exspectāv-eri-t | er/sie/es hat gewartet |
| 1. Pers. Pl. | exspectāv-eri-mus | wir haben gewartet |
| 2. Pers. Pl. | exspectāv-eri-tis | ihr habt gewartet |
| 3. Pers. Pl. | exspectāv-eri-nt | sie haben gewartet |

b) Funktion und Übersetzung

Das lateinische Futur II beschreibt Ereignisse, die vor einem zukünftigen Ereignis bereits passiert sein werden. Im Deutschen geben wir es häufig mit Präsens oder Perfekt wieder:

Cum amīcus vēnerit, cum Plīniō cēnābit.
*Wenn der Freund gekommen ist / kommt, wird er mit Plinius essen.*

## 7.5 Die Modi

Das Lateinische kennt (wie das Deutsche) drei Modi:
a) Indikativ (v. a. als Realitätsform)
b) Imperativ (Befehlsform)
c) Konjunktiv (als Modus in manchen Nebensatzarten und in Hauptsätzen als Möglichkeits- oder Unmöglichkeitsform)

### 7.5.1 Der Indikativ

Der Indikativ wird im Lateinischen meist genauso verwendet wie im Deutschen.
Die Formen und Funktionen der einzelnen Tempora finden Sie auf S. 25–28.

### 7.5.2 Der Imperativ

Der Imperativ (s. auch Tabellen S. 56) wird für Aufforderungen verwendet:

| | |
|---|---|
| Vidē! | Sieh! |
| Vidē-te! | Seht! |

**Verneinter Imperativ**
a) **nōlī / nōlīte + Infinitv**

| | |
|---|---|
| Nōlī exspectāre! | Warte nicht! |
| Nōlīte exspectāre! | Wartet nicht! |

b) **nē + Konjunktiv Perfekt (»Prohibitiv«)**
Der Konjunktiv Perfekt wird dabei zeitstufenlos wie Präsens übersetzt:

| | |
|---|---|
| Nē exspectāveris! | Warte nicht! |
| Nē exspectāveritis! | Wartet nicht! |

### 7.5.3 Der Konjunktiv

Die Verwendung des Konjunktivs im Lateinischen unterscheidet sich in den meisten Fällen vom deutschen Sprachgebrauch: Der lateinische Konjunktiv wird sehr oft nicht mit einem deutschen Konjunktiv wiedergegeben!

Bei der Übersetzung unterscheidet man die Verwendung des Konjunktivs im Nebensatz (S. 31) und im Hauptsatz (S. 32/33).

### 7.5.3.1 Formen des Konjunktivs

a) Konjunktiv Präsens und Konjunktiv Perfekt

**Konjunktiv Präsens**

Beim Konjunktiv Präsens ist die Bildung je nach Konjugation unterschiedlich (vgl. die Tabellen auf S. 56):

| e-, i-, kons. und kurzvok. Konj. | |
|---|---|
| 1. Pers. Sg. | vide-a-m |
| 2. Pers. Sg. | vide-ā-s |
| 3. Pers. Sg. | vide-a-t |
| 1. Pers. Pl. | vide-ā-mus |
| 2. Pers. Pl. | vide-ā-tis |
| 3. Pers. Pl. | vide-a-nt |

| a-Konj. | |
|---|---|
| 1. Pers. Sg. | exspect-e-m |
| 2. Pers. Sg. | exspect-ē-s |
| 3. Pers. Sg. | exspect-e-t |
| 1. Pers. Pl. | exspect-ē-mus |
| 2. Pers. Pl. | exspect-ē-tis |
| 3. Pers. Pl. | exspect-e-nt |

**Konjunktiv Perfekt**

| | |
|---|---|
| 1. Pers. Sg. | exspectāv-eri-m |
| 2. Pers. Sg. | exspectāv-eri-s |
| 3. Pers. Sg. | exspectāv-eri-t |
| 1. Pers. Pl. | exspectāv-eri-mus |
| 2. Pers. Pl. | exspectāv-eri-tis |
| 3. Pers. Pl. | exspectāv-eri-nt |

b) Konjunktiv Imperfekt und Plusquamperfekt

**Konjunktiv Imperfekt**

| | |
|---|---|
| 1. Pers. Sg. | exspectā-re-m |
| 2. Pers. Sg. | exspectā-rē-s |
| 3. Pers. Sg. | exspectā-re-t |
| 1. Pers. Pl. | exspectā-rē-mus |
| 2. Pers. Pl. | exspectā-rē-tis |
| 3. Pers. Pl. | exspectā-re-nt |

**Konjunktiv Plusquamperfekt**

| | |
|---|---|
| 1. Pers. Sg. | exspectāv-isse-m |
| 2. Pers. Sg. | exspectāv-issē-s |
| 3. Pers. Sg. | exspectāv-isse-t |
| 1. Pers. Pl. | exspectāv-issē-mus |
| 2. Pers. Pl. | exspectāv-issē-tis |
| 3. Pers. Pl. | exspectāv-isse-nt |

### 7.5.3.2 Der Konjunktiv im Nebensatz

a) Allgemeines

Der Konjunktiv in lateinischen Nebensätzen wird meist mit Indikativ übersetzt.
Es gilt die Faustregel:

> MERKE »Steht der Konjunktiv im Nebensatz: Vergiss ihn!«

Dīdō, cum Aenēam invītāvisset, cum eō cēnāvit.
*Nachdem Dido Aeneas eingeladen hatte, aß sie mit ihm zu Abend.*

Aenēās, cum cēnāret, dē fugā nārrāvit.
*Während Aeneas speiste, erzählte er von seiner Flucht.*

Im Deutschen verwendet man meist das gleiche Tempus wie im Lateinischen – Konjunktiv Imperfekt wird also ebenfalls mit dem deutschen Präteritum übersetzt etc. Bei ut-Sätzen ist häufig auch eine Übersetzung mit Präsens oder Infinitiv möglich. Vertrauen Sie auf Ihr Sprachgefühl!

Die Wörter *ut* und *cum* weisen eine hohe Bedeutungsvielfalt auf. Für eine treffende Wiedergabe im Deutschen muss man schauen, welcher Sinn im Zusammenhang passt. Ausführlicheres zur Bedeutungsentwicklung von *ut* und *cum* finden Sie auf S. 50.

b) Bedingungssätze (s. S. 32 unten)

c) Nebensätze in der indirekten Rede und indirekte Fragesätze

In der indirekten Rede verwendet das Lateinische für alle Nebensätze den Konjunktiv als Zeichen der Abhängigkeit, ebenso für Fragesätze.
Für die Übersetzung gelten die Regeln der indirekten Rede im Deutschen, das hier umgangssprachlich oft den Indikativ, hochsprachlich ebenfalls den Konjunktiv setzt (s. auch S. 46).

d) konjunktivische Relativsätze

In Relativsätzen steht normalerweise der Indikativ. Durch die Verwendung des Konjunktivs will der Sprecher noch auf etwas Zusätzliches hinweisen – er gibt dem Relativsatz einen sogenannten (adverbialen) Nebensinn.

Am wichtigsten sind Relativsätze mit finalem Sinn:

Caesar lēgātōs mīsit, quī dē pāce agerent.
*Caesar schickte Gesandte, die über die Friedensbedingungen verhandeln sollten.*

Je nach Zusammenhang kann der Relativsatz auch eine andere Sinnrichtung haben:

| konsekutiv | so beschaffen, dass (meist bleibt der kons. Nebensinn aber unübersetzt) |
| --- | --- |
| kausal | weil |
| konzessiv | obwohl, auch wenn |

FÜR SPÄTER

### 7.5.3.3 Der Konjunktiv im Hauptsatz

Im Hauptsatz wird der Konjunktiv im Lateinischen verwendet, um dem Satz eine bestimmte »Färbung« zu geben. Diese muss in der Übersetzung dann auch ausgedrückt werden.

> **MERKE**
> Konjunktiv im NS → meist keine besondere Übersetzung
> Konjunktiv im HS → »Färbung« muss ausgedrückt werden.

**Was drückt der Konjunktiv im Hauptsatz aus?**

Der Indikativ drückt eine unmarkierte Äußerung aus, d. h. der Sprecher sagt etwas, was für ihn eine Tatsache darstellt und deshalb keiner besonderen Aufmerksamkeit bedarf.

Der Konjunktiv hingegen weist darauf hin, dass eine Äußerung eben keine Tatsache ist: Der Sprecher markiert vielmehr, dass etwas nur eintreten könnte, vielleicht sogar ganz unwirklich ist, oder aber, dass es eintreten soll.

| Modus | Bedeutung | | Negation |
|---|---|---|---|
| Indikativ | reale (wirkliche) | | nōn |
| Konjunktiv | potentiale (mögliche) | Aussage (»ist«) | nōn |
| | irreale (unwirkliche) | | |
| | Wunsch<br>potential (möglich)<br>irreal (unmöglich) | Begehren (»soll sein«) | nē |
| | Wille<br>Aufforderung | | |
| Imperativ | Verbot | | |

Welche der verschiedenen Schattierungen mit dem Konjunktiv gemeint ist – ein »Vielleicht«, ein »Unmöglich«, ein »Hoffentlich« oder ein »Sollen« – das muss man bei der Übersetzung aus dem Zusammenhang entscheiden; manchmal hilft ein Signalwort oder das Tempus des Konjunktivs.

a) **Konjunktiv als irreale Aussage: »unmöglich«** (v. a. in Bedingungssätzen)

Wie im Deutschen kann der Konjunktiv etwas ausdrücken, was nicht Wirklichkeit ist.
Irrealis der Gegenwart: Konjunktiv Imperfekt (im NS und im HS)

> Sī ad cēnam venīrēs, fīliam meam vidērēs.
> *Wenn du zum Abendessen kämst, könntest / würdest du meine Tochter sehen.*
> [Aber du kannst ja nicht kommen.]

Irrealis der Vergangenheit: Konjunktiv Plusquamperfekt (im NS und im HS)

> Sī herī ad cēnam vēnissēs, fīliam meam vīdissēs.
> *Wenn du gestern zum Abendessen gekommen wärst, hättest du meine Tochter gesehen.*

b) **Konjunktiv als potentiale Aussage: »vielleicht« (Konjunktiv Präsens)**
   Der Konjunktiv im Hauptsatz kann ausdrücken, dass etwas möglicherweise geschieht.
   Wiedergabe im Deutschen: *dürften / könnten / werden* oder *wohl, vielleicht*.

   Ad cēnam veniant.
   *Vielleicht kommen sie zum Abendessen. / Sie werden / dürften wohl zum Abendessen kommen.*

c) **Konjunktiv als Wunsch: »hoffentlich« (Konjunktiv Präsens, evtl. mit *utinam*)**
   Der Konjunktiv im Hauptsatz kann ausdrücken, dass etwas wünschenswert ist:

   (Utinam) Ad cēnam veniant.
   *Hoffentlich kommen sie zum Abendessen! / Mögen sie zum Abendessen kommen!*

   Wünsche können auch irreal, d. h. unerfüllbar, sein und haben dann eine ähnliche Form wie die irreale Aussage.
   Unerfüllbarer Wunsch der Gegenwart (*utinam* + Konjunktiv Imperfekt):

   Utinam ad cēnam venīrent.        *Ach, wenn sie doch nur zum Abendessen kämen!*

   Unerfüllbarer Wunsch der Vergangenheit (*utinam* + Konjunktiv Plusquamperfekt):

   Utinam nē ad cēnam vēnissent.        *Ach, wenn sie doch nur nicht zum Abendessen gekommen wären!*

d) **Konjunktiv als Aufforderung: »sollen« (Konjunktiv Präsens)**
   Der Konjunktiv im Hauptsatz kann auch eine Aufforderung / einen Befehl ausdrücken:

   Ad cēnam veniant!            *Sie sollen zum Abendessen kommen!*
   Quem ad cēnam invītēmus?     *Wen sollen wir zum Abendessen einladen?*
   Mārcum ad cēnam invītēmus!   *Wir wollen Markus zum Abendessen einladen! /*
                                *Lasst uns Markus zum Abendessen einladen!*

   Verbot (Konjunktiv Perfekt), vgl. verneinter Imperativ, S. 29:

   Nē Mārcum ad cēnam invītāveris!    *Lade Markus nicht zum Abendessen ein!*

Wie oben gezeigt, ist das Lateinische zum Teil nicht eindeutig. »Ad cenam veniant« kann sein:
- eine Möglichkeit: *Vielleicht kommen sie zum Abendessen.*
- ein Wunsch: *Hoffentlich kommen sie zum Abendessen!*
- eine Aufforderung: *Sie sollen zum Abendessen kommen!*

Für die Übersetzung muss man jeweils überlegen, was im Zusammenhang gemeint ist.

**FAZIT** Konjunktiv im Hauptsatz: Unmöglich – Vielleicht – Hoffentlich – Sollen!

## 7.6 Die Genera verbi

### 7.6.1 Die Handlungsrichtung des Verbs

Unter Genus verbi versteht man die Art (der Handlungsrichtung) des Verbs:

a) **Aktiv:** Die Handlung geht vom Subjekt aus.
   Das Lateinische verwendet das Aktiv genauso wie das Deutsche.

   Mārcus Paulam capit.   Ⓢ ⟶
   *Markus fängt Paula.*

b) **Passiv:** Das Subjekt wird von der Handlung getroffen.
   Das Lateinische verwendet das Passiv genauso wie das Deutsche.

   Paula capitur.   Ⓢ ⟵
   *Paula wird gefangen.*

   Ebenfalls wie im Deutschen kann der Urheber der Handlung angegeben werden:

   Paula ā Mārcō capitur.
   *Paula wird von Markus gefangen.*

**FÜR SPÄTER**

c) **Medium:** Die Handlung geht vom Subjekt aus <u>und</u> trifft es.

   Paula capitur.   Ⓢ ↻
   *Paula lässt sich fangen.*

   Das Lateinische verwendet für das Medium dieselben Formen wie fürs Passiv. Daher nennt man sie auch »medio-passive Formen«.
   Im Deutschen wird der Bezug der Handlung auf das Subjekt selbst anders ausgedrückt, vor allem mit reflexiven Formen: »sich« oder »sich lassen«. Manchmal aber ist auch ein ganz anderes Wort am besten:

   Terra movētur.   *Die Erde bewegt sich.* → *Die Erde bebt.*

   Einige Verben kommen nur im Medium vor; diese Wörter nennt man Deponentien, z. B.:

   mīrārī        *sich wundern* (im Dt. entsprechend, also reflexiv)
   loquī         *sich unterhalten; sprechen*
   sequī         *folgen* (im Dt. nicht reflexiv)

### 7.6.2 Die Bildung der Formen im Aktiv

Die aktiven Formen im Indikativ sind dargestellt auf S. 25–28, im Konjunktiv auf S. 30.
Eine Übersicht liefern die Tabellen auf S. 56 und 58.

## 7.6.3 Die Bildung der Formen im Passiv

### a) Die Formen des Präsensstammes

Das Lateinische verwendet für die Passivformen des Präsensstamms eigene Personalendungen:

| | |
|---|---|
| 1. Pers. Sg. | -or |
| 2. Pers. Sg. | -ris |
| 3. Pers. Sg. | -tur |
| 1. Pers. Pl. | -mur |
| 2. Pers. Pl. | -minī |
| 3. Pers. Pl. | -ntur |

Sie werden nach dem Baukastenprinzip an die bekannten Tempus- und Moduskennzeichen angehängt – man muss also das Passiv nicht in allen Zeiten extra lernen (s. Tabelle S. 57):

| | | |
|---|---|---|
| Ind. Präsens | exspectā-tur | er, sie, es wird erwartet |
| Ind. Imperfekt | exspectā-bā-tur | er, sie, es wurde erwartet |
| Ind. Futur | exspectā-bi-tur | er, sie, es wird erwartet werden |

| | |
|---|---|
| Konj. Präsens | exspect-ē-tur |
| Konj. Imperfekt | exspectā-rē-tur |

Der Infinitiv Präsens Passiv lautet: exspectā-rī (a-, e-, i-Konj.), cap-ī (kons., kurzvok. Konj.)

### b) Die Formen des Perfektstammes

Im Perfekt und Plusquamperfekt bildet das Lateinische (ähnlich wie das Deutsche) zusammengesetzte Passivformen: **Partizip der Vorzeitigkeit Passiv (PVP) + Form von *esse***
Zur Bildung des PVP s. auch S. 27 (Stammformen).

Konkret sehen die Formen dann so aus (s. auch Tabelle S. 58):

| | | |
|---|---|---|
| Ind. Perfekt | exspectātus, a, um est | er, sie, es wurde erwartet / ist erwartet worden |
| Ind. Plqupf. | exspectātus, a, um erat | er, sie, es war erwartet worden |
| Ind. Futur II | exspectātus, a, um erit | er, sie, es wird erwartet worden sein |

| | |
|---|---|
| Konj. Perfekt | exspectātus, a, um sit |
| Konj. Plqupf. | exspectātus, a, um esset |

Der Infinitiv Perfekt Passiv lautet: exspectātum (exspectātam, exspectātum) esse

### 7.6.4 Deponentien

Einige sehr häufige lateinische Wörter sind Deponentien.
Sie sehen aus wie Passivformen (Endungen s. S. 35), werden aber aktiv übersetzt:

| | | | |
|---|---|---|---|
| loquī | *sprechen* | sequī | *folgen* |
| loquitur | *er, sie, es spricht* | sequitur | *er, sie, es folgt* |
| locūtus est | *er, sie, es sprach / hat gesprochen* | secūtus est | *er, sie, es folgte* |

(Zur Erklärung s. unter »Medium« S. 34)

**FÜR SPÄTER**

Semideponentien sind »halbe« Deponentien, also Wörter, die in einem Stamm doch aktive Formen bilden:

audēre (»wagen«): audeō, ausus sum

## 7.7 Infinite Verbformen

a) **Infinitive**

| | Aktiv | Passiv |
|---|---|---|
| Präsens | spectā-re   *sehen* | spectā-rī   *gesehen werden* |
| Perfekt | spectāv-isse   *gesehen haben* | spectāt-um esse   *gesehen worden sein* |
| Futur | spectāt-ūrum esse   *sehen werden* | spectātum īrī   *gesehen werden (Zukunft)* |

Zur Übersetzung der Infinitive in AcI und NcI s. S. 38–39.

b) **Partizipien**

| | |
|---|---|
| Partizip der Gleichzeitigkeit Aktiv (PGA) | spectāns (<*-nt-s), specta-nt-is   *sehend* |
| Partizip der Vorzeitigkeit Passiv (PVP) | spectātus, a, um   *gesehen* |
| Partizip der Nachzeitigkeit Aktiv (PNA) | spectātūrus, a, um   *einer, der sehen wird* |

Zur Verwendung und Übersetzung der Partizipien s. Partizipkonstruktionen (S. 40–43).

c) **nd-Formen**
Zur Bildung und Übersetzung der nd-Formen s. S. 44.

d) **Supin**
Supin I:   auxilium postulātum īre   *gehen, um Hilfe zu fordern*
Supin II:   difficile dictū   *schwer zu sagen*

# 8. Satzarten

## 8.1 Hauptsätze

Ein Hauptsatz ist ein vollständiger und selbstständiger Satz. Es gibt drei Arten von Hauptsätzen:
a) Aussagesatz: *Plinius lädt seine Freunde zum Abendessen ein.*
b) Begehrsatz: *Komm zum Essen!*
c) Fragesatz: *Kommst du zum Essen?*

Bei Fragesätzen unterscheidet man Ergänzungsfragen (Wer kommt heute zum Essen?) und Entscheidungsfragen (Kommst du heute zum Essen? – Antwort: ja/nein).
Im Lateinischen gibt es, wie auch im Deutschen, drei Arten von Entscheidungsfragen:

| -ne | Veniēs-ne ad cēnam? *Kommst du zum Essen?* | erwartete Antwort: ja oder nein |
| --- | --- | --- |
| num | Num veniēs ad cēnam? *Kommst du etwa zum Essen?* | erwartete Antwort: nein |
| nōnne | Nōnne veniēs ad cēnam? *Kommst du etwa nicht zum Essen?* | erwartete Antwort: ja, doch |

FÜR SPÄTER

## 8.2 Nebensätze

Nebensätze sind unselbstständige Sätze, d. h. sie sind abhängig von einem übergeordneten Satz. Man unterscheidet verschiedene Nebensatzarten, hier die wichtigsten:

| Nebensatzart | deutsches Beispiel | Subjunktionen (Latein) | |
| --- | --- | --- | --- |
| 1. abhängiger Aussagesatz | (Er versprach,) dass er zum Essen kommt. | meist AcI | (Subjekt- oder Objektsatz) |
| 2. abhängiger Begehrsatz | (Er wünschte sich,) dass du zum Essen kommst. | ut (verneint: ne) | |
| 3. abhängiger Fragesatz | (Er fragte,) ob du zum Essen kommst. | si, an, quis/quid | |
| 4. Finalsatz (Absicht) | (Du kommst,) damit ich Gesellschaft habe. | ut (verneint: ne) | (Adverbialsatz) |
| 5. Konsekutivsatz (Folge) | (Du lachst so laut,) dass alle erschrecken. | ut (verneint: ut non) | |
| 6. Kausalsatz (Grund) | Weil ich gern Gesellschaft habe, (lade ich Leute ein.) | cum, quia, quod | |
| 7. Temporalsatz (Zeit) | Als du kamst, (freute ich mich sehr.) | cum, postquam, ut, dum | |
| 8. Modalsatz (Umstand) | (Er spricht,) indem er auf und ab geht. | cum | |
| 9. Konzessivsatz (Einräumung) | (Du kamst,) obwohl der Bus ausgefallen ist. | cum, quamquam | |
| 10. Konditionalsatz (Bedingung) | Wenn/Falls du kommst, (freue ich mich.) | si | |
| 11. Komparativsatz (Vergleich) | (Du kommst später,) als ich dachte. | quam (als), ut (wie) | |
| 12. Relativsatz | (Das Essen,) das du gekocht hast, (ist gut.) | qui, quae, quod | (Attributsatz) |

Zu den Bedeutungen von *ut* und *cum* s. S. 50.

# 9. Besondere Konstruktionen

## 9.1 Der AcI (Accusativus cum Infinitivo)

### 9.1.1 Grundlagen

Videō Mārcum venīre.   *Ich sehe Markus kommen.*

Nach bestimmten Verben kann man einen Infinitiv und einen Akkusativ anhängen. Allerdings ist diese Konstruktion im Lateinischen sehr viel häufiger als im Deutschen; oft lässt sie sich nicht wörtlich nachmachen – deshalb muss man umformulieren:

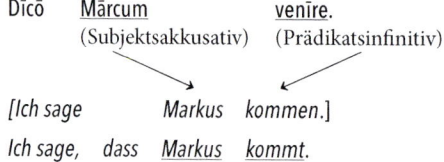

Dīcō   Mārcum   venīre.
         (Subjektsakkusativ)   (Prädikatsinfinitiv)

[Ich sage   Markus   kommen.]
Ich sage, dass Markus kommt.

**AcI-Auslöser**
Weil der AcI oft eine abhängige Aussage enthält, steht er häufig nach folgenden Wörtern (»Kopfverben«):

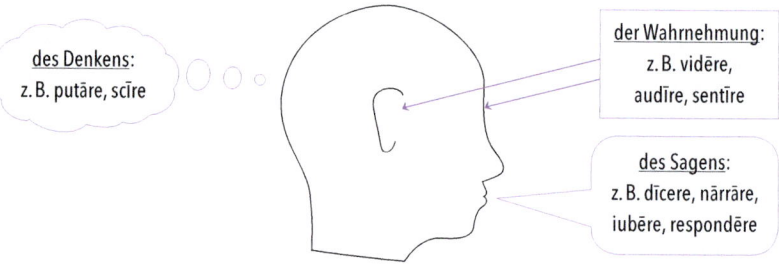

!  Auch im Englischen gibt es den AcI: Can we believe the critics' opinion to be right?

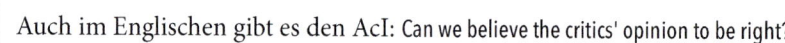

### 9.1.2 Die reflexiven Pronomina im AcI

Die reflexiven Pronomina »se / sibi« und »suus« beziehen sich zurück auf das Subjekt.
Im AcI ist häufig das Subjekt des übergeordneten Satzes gemeint. Entsprechend muss mit einem Personalpronomen übersetzt werden:

Mārcus dīcit sē venīre.   *Markus sagt, dass er kommt.*

Der Bezug ist nicht immer eindeutig, denn es kann auch der Subjektsakkusativ gemeint sein:

Mārcus dīcit puellam sibī placēre.
*Markus sagt, dass das Mädchen ihm gefällt. / dass das Mädchen sich selbst gefällt.*

FÜR SPÄTER

38 | Besondere Konstruktionen

### 9.1.3 AcI mit Infinitiv Perfekt (bzw. Futur)

Im AcI kann jedoch nicht nur der Infinitiv Präsens stehen, sondern auch der Infinitiv Perfekt (oder der Infinitiv Futur). Entsprechend muss dann auch mit Präsens, Perfekt (oder Futur) übersetzt werden:

Dīcit / dīxit Gavium venīre.  *Er sagt / sagte, dass Gavius kommt / komme.*
Dīcit / dīxit Gavium vēnisse.  *Er sagt / sagte, dass Gavius gekommen ist / sei.*
Dīcit / dīxit Gavium ventūrum (esse):  *Er sagt / sagte, dass Gavius kommen wird / werde.*

Formen der Infinitive (s. auch Formen der Infinitive S. 36):

| exspectā-re | warten | Infinitiv Präsens |
|---|---|---|
| exspectāv-isse | gewartet haben | Infinitiv Perfekt |
| exspectā-tūr-um (esse) | warten werden | Infinitiv Futur |

### 9.1.4 AcI mit Infinitiv Passiv

Natürlich können im AcI auch die passiven Infinitive stehen (s. auch Formen der Infinitive S. 36):

Dīcō / dīxī Paulam amārī.  *Ich sage / sagte, dass Paula geliebt wird.*
Dīcō / dīxī Paulam amātam esse.  *Ich sage / sagte, dass Paula geliebt worden ist.*

### 9.1.5 Mit AcI verschränkte Relativsätze

s. unter Relativsätze S. 24.

**FÜR SPÄTER**

## 9.2 Der NcI (Nominativus cum Infinitivo)

Die Kopfverben, die einen AcI auslösen (s. S. 38), können auch im Passiv stehen. Statt eines AcI steht dann ein NcI.
Für die Übersetzung gilt das Gleiche wie beim AcI: Weil wir im Deutschen die Konstruktion nicht nachmachen können, müssen wir umformulieren.

Mārcus venīre dīcitur. *[Marcus wird gesagt zu kommen.]*
→ *Von Markus wird gesagt, dass er kommt.*
→ *Es wird gesagt, dass Markus kommt.*
→ *Man sagt, dass Markus kommt.*

**!** Den NcI gibt es ebenfalls im Englischen:
   The book is said to be very good.

# 9.3 Partizipkonstruktionen I – das Pc (Participium coniunctum)

### Formen des Partizips

a) **Das Partizip der Gleichzeitigkeit Aktiv (PGA)**
Wie im Deutschen gibt es auch im Lateinischen ein Partizip der Gleichzeitigkeit Aktiv. Es wird wie die Substantive der 3. Deklination dekliniert (s. Tabelle S. 53):

> clām**āns**  *schreiend*

b) **Das Partizip der Vorzeitigkeit Passiv (PVP)** *[FÜR SPÄTER]*
Wie im Deutschen gibt es auch im Lateinischen ein Partizip der Vorzeitigkeit Passiv:

> exspectā-**t-us**, a, um  *erwarte-t*

Sie kennen das Partizip schon als Stammform (S. 27) und von der Passivbildung. Natürlich kann es auch in Partizipkonstruktionen vorkommen – die Übersetzung funktioniert wie beim PGA. Unterschiede: Zeitverhältnis und das Genus verbi, s. unten.

c) **Das Partizip der Nachzeitigkeit Aktiv (PNA)** *[FÜR SPÄTER]*
Außerdem gibt es auch noch ein nachzeitiges Partizip: exspectā-**tūr-us**, a, um

### Verwendung und Übersetzungsmöglichkeiten des Partizips

1. **wörtliche Übersetzung (attributives Verständnis)**
Das Lateinische verwendet Partizipien ähnlich wie das Deutsche. Deshalb ist eine deutsche Übersetzung mit Partizip grundsätzlich möglich.

> Romulus et Remus clāmant. Lupa puerōs clāmantēs audit.
> *Romulus und Remus schreien. Eine Wölfin hört die schreienden Jungen.*

Allerdings sind Partizipkonstruktionen im Lateinischen viel häufiger. Oft klingt eine wörtliche Übersetzung im Deutschen sehr ungelenk. Deshalb muss man meist umformulieren. Dafür gibt es folgende Möglichkeiten:

2. **Relativsatz (attributives Verständnis)**
Wenn man davon ausgeht, dass das Partizip einfach nur das Bezugswort näher beschreibt, kann man es mit einem Relativsatz wiedergeben.

> Lupa puerōs clāmantēs audit.
> *Eine Wölfin hört die Jungen, die schreien.*

3. **Adverbialer Nebensatz (prädikatives Verständnis)**
Oft kann man aber darüber hinaus eine logische Verbindung zwischen Partizip und Prädikat erkennen. Um das bei der Übersetzung zu betonen, kann man das Partizip mit einem adverbialen Nebensatz wiedergeben:

> Lupa puerōs clāmantēs audit.
>
> *Eine Wölfin hört die Jungen, als/weil sie (= die Jungen) schreien.*

Aus dem Bezugswort wird das Subjekt des Nebensatzes, aus dem Partizip das Prädikat.

Statt eines adverbialen Nebensatzes gibt es noch andere, manchmal elegantere Möglichkeiten:
- Beiordnung: Man kann den Partizipausdruck in einen Satz umwandeln und mit »und« an den Restsatz anbinden:

    Die Jungen schreien und ‹deshalb› hört sie eine Wölfin.

- Substantivischer Ausdruck:

    Wegen ihres Geschreis hört eine Wölfin die Jungen.

### Die Sinnrichtung

Bei der prädikativen Wiedergabe muss man natürlich auf den Inhalt schauen, um zu entscheiden, welche logische Verbindung zwischen den beiden Handlungen besteht.

| temporal (Zeit) | während, als (vorzeitig: nachdem) |
|---|---|
| kausal (Grund) | weil |
| konzessiv (Einräumung) | obwohl, auch wenn |
| modal (Art und Weise) | indem |
| konditional (Bedingung) | wenn |

### Das Zeitverhältnis

Mit dem Begriff »Zeitverhältnis des Partizips« ist gemeint, dass man vergleicht, ob die im Partizip beschriebene Handlung gleichzeitig, früher oder später als die übergeordnete Handlung passiert.

a) Das Partizip der Gleichzeitigkeit Aktiv drückt eine gleichzeitige Handlung aus. Entsprechend wird das Partizip mit der gleichen Zeit übersetzt wie der übergeordnete Satz:

| Satz im Präsens: | Lupa puerōs clāmantēs audit. <br> Eine Wölfin hört die Jungen, weil sie schreien. |
|---|---|
| Satz in der Vergangenheit: | Lupa puerōs clāmantēs audīvit. <br> Eine Wölfin hörte die Jungen, weil sie schrien. |

b) Das Partizip der Vorzeitigkeit Passiv drückt eine vorzeitige Handlung aus. Entsprechend wird das Partizip mit Perfekt oder Plusquamperfekt übersetzt:

| Satz im Präsens: | Apollō Daphnem vīsam amat. <br> Apollo liebt Daphne, nachdem sie gesehen worden ist / er sie gesehen hat*. |
|---|---|
| Satz in der Vergangenheit: | Apollō Daphnem vīsam amāvit. <br> Apollo liebte Daphne, nachdem sie gesehen worden war / er sie gesehen hatte*. |

*Oft klingt die passive Übersetzung des PVP etwas hölzern, weshalb man umformuliert; denn rein logisch ist es hier ja Apoll, der Daphne gesehen hat.

c) Das Partizip der Nachzeitigkeit Aktiv drückt meist eine Absicht aus und wird dann final wiedergegeben:

   Apollō Daphnem adit oculōs vīsūrus.
   Apoll nähert sich Daphne, weil er ihre Augen sehen will / um ihre Augen zu sehen.

## 9.4 Partizipkonstruktionen II

### 9.4.1 Der Abl. abs. (Ablativus absolutus)

#### Die Entstehung des Ablativus absolutus

Wie oben gesehen, erweitert das Lateinische den Satz sehr gerne durch Partizipien. Das Partizip kann sich natürlich auf ganz verschiedene Satzglieder beziehen – auf das Subjekt, auf das Objekt – aber eben auch auf ein Adverbiale im Ablativ:

> Tarquinius **vīnō** gaudet.
> *Tarquinius freut sich über den Wein.*

> **Vīnō placente** Tarquinius gaudet.
> *Tarquinius freut sich über den wohlschmeckenden Wein.*
> → *Weil der Wein ihm schmeckt, freut sich Tarquinius.*

Mit der Zeit wurde diese Konstruktion immer häufiger benutzt und verselbstständigte sich; der Ablativ-Ausdruck war immer weniger an den Satz angebunden und verlor seine Kasusfunktion. Er wurde als »losgelöst« empfunden. Deshalb nennt man die Konstruktion Ablativus absolutus.

> **Omnibus cēnantibus** Tarquinius Lucrētiam spectat.
> *Während alle zu Abend essen, betrachtet Tarquinius Lucretia.*

Weil der Abl. abs. einfach eine spezielle Partizipkonstruktion ist, gelten für die Übersetzung die meisten Regeln ebenfalls – sie müssen also nicht extra neu gelernt werden. Hier nochmal eine Zusammenfassung:

#### Die Übersetzung des Ablativus absolutus

Eine wörtliche Übersetzung des Abl. abs. ins Deutsche ist nicht möglich – es muss also umformuliert werden. Das geht genauso wie beim prädikativ verstandenen Partizip – mit einem adverbialen Nebensatz.

> [Omnibus cēnantibus] Tarquinius Lucrētiam spectat.
> 
> **Während** alle zu Abend essen, betrachtet Tarquinius Lucretia.

Aus dem Substantiv im Ablativ wird also das Subjekt des Nebensatzes, aus dem Partizip das Prädikat.

**FÜR SPÄTER**

Statt eines adverbialen Nebensatzes gibt es noch zwei weitere Möglichkeiten, die manchmal eleganter sind:

- Beiordnung: Man kann den Partizipausdruck in einen Satz umwandeln und mit »und« an den Restsatz anbinden:

> **Alle essen zu Abend und ‹währenddessen›** betrachtet Tarquinius Lucretia.

- Substantivischer Ausdruck:

> **Beim gemeinsamen Abendessen** betrachtet Tarquinius Lucretia.

### Die Sinnrichtung

Natürlich muss man wie bei anderen Partizipkonstruktionen auf den Inhalt schauen, um zu entscheiden, welche logische Verbindung zwischen beiden Handlungen besteht.

| temporal (Zeit) | während, als (vorzeitig: nachdem) |
|---|---|
| kausal (Grund) | weil |
| konzessiv (Einräumung) | obwohl, auch wenn |
| modal (Art und Weise) | indem |
| konditional (Bedingung) | wenn |

### Das Zeitverhältnis

Wie bei den anderen Partizipkonstruktionen muss man auch beim Abl. abs. das Zeitverhältnis beachten:

a) Das Partizip der Gleichzeitigkeit Aktiv drückt eine gleichzeitige Handlung aus. Entsprechend wird das Partizip mit der gleichen Zeit übersetzt wie der übergeordnete Satz:

| Satz im Präsens: | Omnibus cēnantibus Tarquinius Lucrētiam spectat. |
|---|---|
| | Während alle zu Abend essen, betrachtet Tarquinius Lucretia. |
| Satz in der Vergangenheit: | Omnibus cēnantibus Tarquinius Lucrētiam spectābat. |
| | Während alle zu Abend aßen, betrachtete Tarquinius Lucretia. |

b) Das Partizip der Vorzeitigkeit Passiv drückt eine vorzeitige Handlung aus. Entsprechend wird das Partizip mit Perfekt Passiv oder Plusquamperfekt Passiv übersetzt:

| Satz im Präsens: | Daphnē vīsā magna libīdō Apollinem capit. |
|---|---|
| | Nachdem Daphne gesehen worden ist / er Daphne gesehen hat*, ergreift große Leidenschaft Apoll. |
| Satz in der Vergangenheit: | Daphnē vīsā magna libīdō Apollinem cēpit. |
| | Nachdem Daphne gesehen worden war / er Daphne gesehen hatte*, ergriff große Leidenschaft Apoll. |

*Oft klingt die passive Übersetzung des PVP etwas hölzern, weshalb man umformuliert; denn rein logisch ist es hier ja Apoll, der Daphne gesehen hat.

FÜR SPÄTER

### 9.4.2 Der nominale Abl. abs.

In einigen Wendungen steht statt dem Partizip ein zweites Substantiv (oder ein Adjektiv):

| Cicerōne et Antōniō cōnsulibus | als Cicero und Antonius Konsuln waren / im Jahr 63 v. Chr. |
| Caesare dūce | unter der Führung Caesars |
| mē invītō | gegen meinen Willen |

# 9.5 nd-Formen: Gerundium und Gerundivum

a) Die Formen

Verben lassen sich in vielen Sprachen substantivieren, so auch im Deutschen:

Die moderne Technik ermöglicht Blinden das Sehen.

Im Lateinischen geht das auch; das substantivierte Verb heißt Gerundium (lat. und dt. nur im Singular).

| Nom. | vidē-re | das Sehen |
| --- | --- | --- |
| Gen. | vide-nd-ī | des Sehens |
| Dat. | vide-nd-ō | dem Sehen |
| Akk. (mit Präp.) | ad vide-nd-um | zum Sehen |
| Abl. | vide-nd-ō | durch das Sehen |

Außerdem kann das Lateinische aus dem Verb auch ein Adjektiv bilden, das Gerundivum:

vide-nd-us, a, um

b) Die Übersetzung der nd-Formen im Allgemeinen

In vielen Fällen sind Gerundium und Gerundivum untereinander austauschbar; entsprechend können beide Konstruktionen im Deutschen gleich übersetzt werden. Es hilft folgende Regel:

> **MERKE**
> Am (E)nd geht es fast immerzu mit »zu«;
> beim Ablativ kommt man mit »durch« durch;
> steht *in* dabei, nimm »bei«!

Ignis multīs hominibus erat causa fugiendī.
*Das Feuer war für viele Menschen ein Grund zum Fliehen / zur Flucht.*

Celeriter currēbant ad vītam suam servandam. / vītae servandae causā.
*Sie rannten schnell, um ihr Leben zu retten.*

Multī currendō vītam suam servāre potuērunt.
*Viele konnten durch Rennen ihr Leben retten.*

Sed in fugiendō saepe familiam āmīsērunt.
*Aber beim Fliehen / auf der Flucht verloren sie häufig ihre Familie.*

c) Das Gerundivum mit *esse*

In Verbindung mit einer Form von *esse*, also im Nominativ (bzw. im AcI im Akk.), bedeutet das Gerundiv »müssen« (bei Verneinung: »nicht dürfen«):

Nerō: »Seneca occīdendus est.«
*Nero (sagte): »Seneca muss getötet werden. → Man muss Seneca töten.«*

Wenn ein Handelnder angegeben ist, steht er im Dativ des Urhebers (Dativus auctoris):

Nerō: »Seneca mihi occīdendus est.«
*Nero (sagte): »Ich muss Seneca töten.«*

# 9.6 oratio obliqua / indirekte Rede

| | |
|---|---|
| Ich habe vergeblich auf meinen Freund gewartet! | Plinius erzählte, dass er vergeblich auf seinen Freund gewartet hat / habe. |
| direkte Rede | indirekte Rede |

### Die indirekte Rede im Lateinischen (oratio obliqua)

Eigentlich ist die indirekte Rede im Lateinischen zum Teil schon bekannt – nämlich vom AcI:

> Plīnius: »Egō amīcum invītāvī. Sed amīcus nōn vēnit.«
> *Plinius: »Ich habe einen Freund eingeladen. Aber der Freund ist nicht gekommen.«*

> Plīnius dīcit / dīxit sē amīcum invītāvisse. Sed amīcum nōn vēnisse.
> *Plinius sagt / sagte, dass er einen Freund eingeladen hat / habe. Aber der Freund sei nicht gekommen.*

Wie im Deutschen wird die indirekte Rede meist von einem Verb des Sagens eingeleitet; bei längeren Wiedergaben wird es in den folgenden Sätzen nicht wiederholt.

Im Lateinischen stehen in der indirekten Rede
- alle indikativischen Hauptsätze im AcI.
- alle Nebensätze im Konjunktiv.
- Fragen und Aufforderungen ebenfalls im Konjunktiv (als Nebensätze).

> Plīnius rogāvit, cūr amīcus nōn venīret.   *Plinius fragte, warum sein Freund nicht komme.*
> Sē amīcum ad cēnam invītāvisse,   *Er habe den Freund zum Essen eingeladen,*
> quod semper nūgās bonās dīceret.   *weil er immer gute Scherze mache.*

**Die indirekte Rede im Deutschen**

Auch wenn man oft umgangssprachlich den Indikativ verwendet, steht im Deutschen in der indirekten Rede streng genommen der Konjunktiv.

Im Deutschen gibt es den Konjunktiv I und den Konjunktiv II.
Der Konjunktiv I wird vom Präsens gebildet, der Konjunktiv II vom Präteritum.

|  |  | Gegenwart | Vergangenheit |
|---|---|---|---|
| Konjunktiv I: | (er kommt →) | er komme | er sei gekommen |
|  | (er findet →) | er finde | er habe gefunden |
| Konjunktiv II: | (er kam →) | er käme | er wäre gekommen |
|  | (er fand →) | er fände | er hätte gefunden |

Für die indirekte Rede benutzt man den Konjunktiv I.

(Ausnahme: Wenn sich die Form des Konjunktivs I nicht vom Indikativ unterscheiden lässt, nimmt man stattdessen den Konjunktiv II oder eine Form mit »würden«.)

Plinius sagte: »Wir freuen uns immer über Gäste.«
Plinius sagte, sie freuen sich immer über Gäste.
→ sie freuten sich immer über Gäste.
→ sie würden sich immer über Gäste freuen.

## 9.7 Das Prädikativum

Plīnius <u>laetus</u> amīcōs ad cēnam exspectat.
a) Der <u>fröhliche</u> Plinius erwartet seine Freunde zum Essen. *(Attribut)*
b) Plinius erwartet <u>fröhlich</u> seine Freunde zum Essen. *(Prädikativum)*

Caesar <u>prōcōnsul</u> Helvētiōs vīcit.
a) <u>Der Prokonsul</u> Caesar besiegte die Helvetier. *(Attribut)*
b) Caesar besiegte <u>als Prokonsul</u> die Helvetier. *(Prädikativum)*

Aber welche Übersetzung ist nun die richtige? Das lässt sich bei einem Einzelsatz nicht entscheiden, denn es kommt auf den Zusammenhang an. Sie können auf Ihr Sprachgefühl vertrauen und einfach ausprobieren, was besser zu passen scheint*.

Das Prädikativum ist ein Satzglied mit doppeltem Bezug: Es bestimmt das Prädikat näher und bezieht sich zugleich auf ein anderes Satzglied (oft das Subjekt).

\* Sie können aber auch überlegen: Ist uns als Leser das Bezugswort schon bekannt (z. B. weil wir in diesem Text schon etwas darüber erfahren haben)?
• Wenn das Bezugswort (also hier Plinius bzw. Caesar) noch nicht weiter bekannt ist, wird die Information eher identifizierend gemeint sein: Welcher Plinius? – Der fröhliche Plinius.
• Ist das Bezugswort dagegen schon bekannt, könnte der Autor auch situative, modifizierende Informationen geben: Wie erwartet Plinius seine Freunde? – Fröhlich.

# 10. Wortbildung

## 10.1. Wortbildung – umfassend gedacht, kurz gefasst

Grundlage und »Material« aller Grammatik einer Sprache sind ihre Wörter; mit ihnen stellen wir die Welt und unser Denken dar. Doch die Welt und das menschliche Denken änderten und ändern sich ständig, entsprechend änderte und ändert sich der Wortschatz einer Sprache ständig. Dazu gibt es drei einfache Möglichkeiten:

- Verschwinden von Wörtern, weil sie aus der Mode kommen oder weil die bezeichneten Sachen außer Gebrauch geraten: z. B. *Zwicker* (»Brille ohne seitliche Bügel, die auf die Nase geklemmt wurde«).
- Übernahme von Wörtern aus einer anderen Sprache in die eigene, wenn neue und unbekannte Dinge übernommen werden sollen: z. B. *poeta,* »Dichter«, aus dem Griechischen ins Lateinische; *Computer* aus dem Englischen ins Deutsche.
- Bildung neuer Wörter und Veränderung von bestehenden Wörtern, v. a. Bedeutungserweiterungen. Solche Neuerungen verlaufen nach bestimmten Regeln, wie sie im Folgenden dargestellt werden.

Wichtig: Jedes Wort besteht aus zwei Hauptelementen:
a) der äußeren Form, der Wortform (z. B. »A-p-f-e-l« / »a-s-i-n-u-s«)
b) dem damit bezeichneten Denkinhalt (in unserem Kopf!), der Bedeutung (»eine bestimmte Frucht« / »ein Lasttier«).

Beide Elemente können sich im Lauf der Zeit ändern!

## 10.2 Bildung von neuen Wörtern: Änderung von Wortform *und* Bedeutung

Für die Bildung von neuen Wörtern gibt es zwei Möglichkeiten:
a) Zusammensetzung von zwei oder mehr Wörtern: *tri-color* (»drei-farbig«) – im Lateinischen eher selten und somit in den romanischen Sprachen ebenso, im Deutschen und Englischen sehr zahlreich. Sehr häufig sind im Lateinischen jedoch Verbalkomposita wie *ab-ire*. Wichtige Präpositionen als Präfix (Vorsilbe) sind:

| Präposition | | Beispiel | | | | | |
|---|---|---|---|---|---|---|---|
| ab | *weg* | abīre | *weg-gehen,* | abesse | *weg sein,* | auferre | *wegtragen* |
| ad | *hin* | adīre | *hin-gehen,* | adesse | *da sein,* | afferre (<ad-) | *hintragen* |
| in | *darin / hinein* | inīre | *hinein-gehen* | | | | |
| dē | *hinab / weg* | dēferre | *hinab-tragen* | | | | |
| prae | *davor* | praeesse | *davor sein / leiten* | | | | |
| cum | *mit* | convenīre | *zusammen-kommen* | | | | |
| trāns | *hinüber* | trānsīre | *hinüber-gehen* | | | | |
| (re | *zurück)* | redīre | *zurück-gehen* | | | | |

b) *Ableitung*: An den Stamm eines bestehenden Wortes (z. B. des Verbs *leit-*) wird ein sogenanntes Suffix, ein unselbständiger Wortbestandteil (*-ung*) mit bestimmter Funktion angehängt: Ein neues Wort mit neuer Bedeutung entsteht – in unseren Sprachen äußerst häufig.

Mit solchen Präfixen und Suffixen können praktisch unendlich viele neue Wörter gebildet werden, ohne dass man sie einzeln lernen muss! Man braucht nur die Präfixe und Suffixe zu kennen.

Eine kleine Auswahl häufiger Suffixe:
- aus Substantiv wird Adjektiv (oft für Material, Farbe bzw. Zugehörigkeit):

| -eus / -ius | aurum → aur-eus | *Gold → golden* |
|---|---|---|
| | rēx → rēg-ius | *König → könig-lich* |
| -ālis / -āris | mors → mort-ālis | *Tod → sterb-lich* |

- aus Adjektiv wird Substantiv (oft für Zustände):

| -ia / -itia | miser → miser-ia | *unglücklich → Unglück* |
|---|---|---|
| | trīstis → trīst-itia | *traurig → Traurig-keit* |
| -(i)tūdō *(f.)* | magnus → magn-itūdō | *groß → Größe* |
| -(i)tās *(f.)* | līber → līber-tās | *frei → Frei-heit* |

- aus Verb wird Substantiv (oft für Täter bzw. Tätigkeiten):

| -tor / -sor *(m.)* | vincere, victum → vic-tor | *siegen → Sieg-er* |
|---|---|---|
| | currere, cursum → cur-sor | *laufen → Läuf-er* |
| -tiō / -siō *(f.)* | movēre, mōtum → mō-tiō | *bewegen → Beweg-ung* |
| | vidēre, vīsum → vī-siō | *sehen → das Sehen* |
| -tus / sus *(m.)* | cadere, cāsum → cā-sus, ūs | *fallen → Fall* |

# 10.3 Veränderung von bestehenden Wörtern: Änderung *nur* der Bedeutung

Fast alle Wörter einer Sprache haben mehrere Bedeutungen entwickelt, z. B. *Kopf*: Das Wort steht auch für den Anführer einer Bande, findet sich in Schrauben*kopf*, Salat*kopf*, *kopf*los etc., jeweils mit veränderter Bedeutung. Auf solche Weise können die Sprachen Wörter sparen, anstatt dass sie für jede Bedeutungsvariante ein eigenes Wort erfinden müssen: sogenannte *Sprachökonomie*.

Wörter ziehen also wie Magnete Bedeutungen an; dafür gibt es zwei Hauptmöglichkeiten: die Metapher und die Metonymie.

### 10.3.1 Die Metapher

>»Ich habe eine *Maus* mit Kabel gekauft.«
>»Im Winter *schläft* die Natur.«
>Eine Mutter bezeichnet ihr Kleinkind, das alles in den Mund steckt, als *Staubsauger*.

Wohl erst beim letzten Beispiel wird man hellhörig: ein höchst ungewöhnlicher Wortgebrauch, überraschend und sehr bildhaft. Grund: Das Wort meint gar nicht das eigentliche Ding, das Gerät, sondern ist hier spontan und einmalig übertragen auf ein Kind, das etwas Ähnliches tut. Genau so sind die ersten zwei Beispiele gelagert: zwei Wörter, die aufgrund einer Ähnlichkeit eingesetzt werden.

Alle drei Beispiele sind sogenannte Metaphern (Meta-pher, griech.: »Über-tragung«), wobei für die ersten zwei gar kein eigenes, nicht übertragenes deutsches Wort existiert: Die Computermaus z. B. heißt nicht »Bewegungszeiger« o. ä.! Deswegen merkt man nicht sofort, dass sie Metaphern sind.

Aber die drei Wörter haben neben der metaphorischen Bedeutung ihre eigentliche behalten: Mit drei Wörtern können also sechs Begriffe bezeichnet werden – so kann eine Sprache Wörter sparen und zugleich oft überraschende Wendungen kreieren.

In unseren Sprachen sehr häufig sind die Raum-Zeit-Metaphern: Die gedanklich schwer fassbare Zeit wird unter den einfacheren Raumvorstellungen »gesehen«, z. B.:

> Präpositionen wie *ante*     vor (der Mauer bzw. zwei Jahren)
> Ablativ: *hōc locō / hōc annō*     an diesem Ort / in (!) diesem Jahr.

Selber werden Sie noch manche Beispiele entdecken, auch in anderen Sprachen!

### 10.3.2 Die Metonymie

>»*Moskau* dementiert die *Presse*berichte.«
>Kellner zum Kollegen: »Das *Schnitzel* an Tisch 10 will noch ein Bier.«

Wieder drei Beispiele, wobei auch hier erst das letzte auffällt. Wieder sind es Übertragungen, aber nicht aufgrund einer Ähnlichkeit mit einem völlig anderen Begriff, sondern aufgrund eines nahe liegenden Sachverhaltes: In Moskau sitzt die russische Regierung, Zeitungen etc. wurden einst in einer »Presse« »gedruckt«, der Gast an Tisch 10 isst ein Schnitzel. Solche Übertragungen heißen Metonymien (Met-onymie, griech.: »Um-benennung«).

Die drei Wörter haben auch hier neben der metonymischen Bedeutung ihre eigentliche behalten, also wieder drei Wörter für sechs Begriffe: wiederum Sprachökonomie.

### 10.3.3 Zusammenfassung

Metapher und Metonymie sind sehr häufige Formen des assoziativen Denkens von uns Menschen: Eine Metapher ist eine Übertragung aufgrund einer Ähnlichkeit, die wir in einem fremden Bereich »sehen«; eine Metonymie ist eine Übertragung aufgrund einer nahe liegenden sachlichen Beziehung.

Beide dienen der Sprachökonomie und oft auch einer raffiniert-kreativen Formulierung. Glänzende Beispiele entstehen immer wieder neu in der Jugendsprache, etwa *Korallenriff* für ein Aknegesicht. Lateinische Beispiele:

*caput*: »Kopf« → »Chef«, »Hauptstadt«, »Quelle« (Metaphern) / »Person« (Metonymie)
*imperium*: »Befehl« → »Macht«, »Herrschaft«, »Reich« (Metonymien)

### 10.3.4 Die Subjunktionen *cum* und *ut*

Diese beiden Subjunktionen und andere bedeutungsreiche Erscheinungen der Grammatik sind eigentliche »Metonymien-Nester«, und ihre Entsprechungen im Deutschen, Englischen, Französischen etc. sind sich oft recht ähnlich. Sie folgen bestimmten Regeln – Regeln, die unser menschliches Denken schafft.

*cum*

Die Kernbedeutung ist temporal: »als«, »wenn«.
Aber *cum* entwickelte weitere Bedeutungen. Wieso? Rein temporale Bezüge werden in unserem Denken oft »angereichert« mit anderen, aussagekräftigeren, v. a. mit:
- *kausalen:* »Sie schreien, wenn → weil sie schweigen.«
- *konzessiven:* »Sie schreien, wenn → obwohl sie schweigen.«
- *modalen:* »Sie schreien, wenn → indem sie schweigen.«
- *adversativen:* »Die einen schreien, wenn → während die anderen …«

Alle diese Bezüge sind nahe liegende Assoziationen: Metonymien!

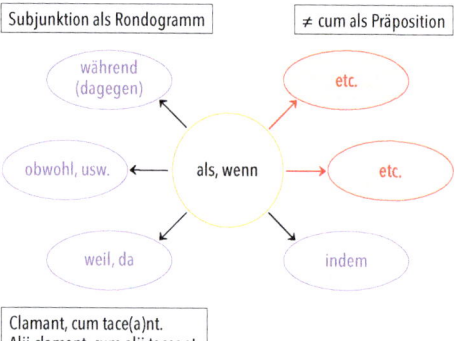

Vgl. im Deutschen bzw. Englischen: Temporales *da* sowie *since* sind auch kausal (*nachdem* manchmal auch), *weil* nur noch kausal. Temporales *während* und *while* sind auch adversativ, *while* auch modal.

*ut*

Die Kernbedeutung ist modal: »wie«.
*Ut* und *wie* haben weitere Bedeutungen entwickelt.
Grund: Rein modale Bezüge sind für unser Denken recht »schwach« und werden häufig »angereichert« mit stärkeren: temporalen, kausalen, konzessiven, im Lateinischen (und Englischen) auch finalen:

| Metonymie | Latein | Bedeutungen von *ut* im Deutschen | Vergleich Englisch / Französisch |
|---|---|---|---|
| → temporal | ut | wie, sobald (als) | as / comme |
| → kausal | (ut) | (wie), da | as / comme |
| → konzessiv | ut | (wie), auch wenn | as (while) / (comme) |
| → final / konsekutiv | ut | damit / dass | (as) mit Inf. |

Alle diese Bezüge sind nahe liegende Metonymien.

# 11. Tabellen

## Substantive und Adjektive

### 1. Substantive der 1. oder a-Deklination

Bis auf wenige Ausnahmen sind diese Substantive feminin.

|      | Sg.       | Pl.         |
|------|-----------|-------------|
| Nom. | famili-a  | famili-ae   |
| Gen. | famili-ae | famili-ārum |
| Dat. | famili-ae | famili-īs   |
| Akk. | famili-am | famili-ās   |
| Abl. | famili-ā  | famili-īs   |

### 2. Substantive der 2. oder o-Deklination

Bis auf wenige Ausnahmen sind diese Substantive maskulin (-us) bzw. neutrum (-um).

|      | Sg.     | Pl.       |
|------|---------|-----------|
| Nom. | amīc-us | amīc-ī    |
| Gen. | amīc-ī  | amīc-ōrum |
| Dat. | amīc-ō  | amīc-īs   |
| Akk. | amīc-um | amīc-ōs   |
| Abl. | amīc-ō  | amīc-īs   |

|      | Sg.    | Pl.      |
|------|--------|----------|
| Nom. | vīn-um | vīn-a    |
| Gen. | vīn-ī  | vīn-ōrum |
| Dat. | vīn-ō  | vīn-īs   |
| Akk. | vīn-um | vīn-a    |
| Abl. | vīn-ō  | vīn-īs   |

### 3. Adjektive der a- und o-Deklination

Diese Adjektive werden dekliniert wie die Substantive der a- und o-Deklination; sie haben für jedes Genus eine eigene Endung: bon-us, bon-a, bon-um.

|      | Sg.    |        |        | Pl.       |           |           |
|------|--------|--------|--------|-----------|-----------|-----------|
|      | m.     | f.     | n.     | m.        | f.        | n.        |
| Nom. | bon-us | bon-a  | bon-um | bon-ī     | bon-ae    | bon-a     |
| Gen. | bon-ī  | bon-ae | bon-ī  | bon-ōrum  | bon-ārum  | bon-ōrum  |
| Dat. | bon-ō  | bon-ae | bon-ō  | bon-īs    | bon-īs    | bon-īs    |
| Akk. | bon-um | bon-am | bon-um | bon-ōs    | bon-ās    | bon-a     |
| Abl. | bon-ō  | bon-ā  | bon-ō  | bon-īs    | bon-īs    | bon-īs    |

### 4. Superlativ der Adjektive

Der Superlativ der Adjektive wird wie die Adjektive der a- und o-Deklination gebildet:
z. B. longissimus, a, um

## 5. Substantive der 3. Deklination

Bei den Substantiven der 3. Deklination muss man das grammatische Geschlecht (Genus) jedes einzelnen Wortes mitlernen oder im Wörterbuch nachschlagen. Einige Regelmäßigkeiten gibt es trotzdem (s. Wortbildung S. 48).

| 3. Deklination *m.* (*f.* geht genauso) | | |
|---|---|---|
| | Sg. | Pl. |
| Nom. | homō | homin-ēs |
| Gen. | homin-is | homin-um* |
| Dat. | homin-ī | homin-ibus |
| Akk. | homin-em | homin-ēs |
| Abl. | homin-e | homin-ibus |

| 3. Deklination *n.* | | |
|---|---|---|
| | Sg. | Pl. |
| Nom. | nōmen | nōmin-a |
| Gen. | nōmin-is | nōmin-um |
| Dat. | nōmin-ī | nōmin-ibus |
| Akk. | nōmen | nōmin-a |
| Abl. | nōmin-e | nōmin-ibus |

\* Manche Substantive bilden den Gen. Pl. mit der Endung -ium. (Formvarianten gibt es auch in anderen Kasus.)

## 6. Adjektive der 3. Deklination

Die Adjektive werden wie die Substantive dekliniert (Ausnahme: Abl. Sg., Gen. Pl. und im Neutrum Nom. / Akk. Pl.).
Nach der Anzahl der Endungen im Nominativ Singular unterscheidet man dreiendige, zweiendige und einendige Adjektive. Bis auf den Nom. Sg. gehen aber alle gleich.

| | Sg. | | | Pl. | | |
|---|---|---|---|---|---|---|
| | m. | f. | n. | m. | f. | n. |
| Nom. | ācer | ācr-is | ācr-e | ācr-ēs | | ācr-ia |
| Gen. | ācr-is | | | ācr-ium | | |
| Dat. | ācr-ī | | | ācr-ibus | | |
| Akk. | ācr-em | | ācr-e | ācr-ēs | | ācr-ia |
| Abl. | ācr-ī | | | ācr-ibus | | |

## 7. Komparativ

Die Komparative werden dekliniert wie die Substantive der 3. Deklination.

| | Sg. | | | Pl. | | |
|---|---|---|---|---|---|---|
| | m. | f. | n. | m. | f. | n. |
| Nom. | longior | | longius | longiōr-ēs | | longiōr-a |
| Gen. | longiōr-is | | | longiōr-um | | |
| Dat. | longiōr-ī | | | longiōr-ibus | | |
| Akk. | longiōr-em | | longius | longiōr-es | | longiōr-a |
| Abl. | longiōr-e | | | longiōr-ibus | | |

## 8. Das Partizip der Gleichzeitigkeit Aktiv (PGA)

|  | Sg. | | | Pl. | | |
|---|---|---|---|---|---|---|
|  | m. | f. | n. | m. | f. | n. |
| Nom. | vidēns (<*-nt-s) | | | vident-ēs | | vident-ia |
| Gen. | vident-is | | | vident-ium | | |
| Dat. | vident-ī | | | vident-ibus | | |
| Akk. | vident-em | | vidēns | vident-ēs | | vident-ia |
| Abl. | vident-e | | | vident-ibus | | |

## 9. Substantive der 4. oder u-Deklination

Bis auf wenige Ausnahmen sind diese Substantive maskulin. Viele Wörter der u-Deklination sind Ableitungen von Verben (z. B. currere → cursus).

|  | Sg. | Pl. |
|---|---|---|
| Nom. | ūs-us | ūs-ūs |
| Gen. | ūs-ūs | ūs-uum |
| Dat. | ūs-uī | ūs-ibus |
| Akk. | ūs-um | ūs-ūs |
| Abl. | ūs-ū | ūs-ibus |

## 10. Substantive der 5. oder e-Deklination

Bis auf wenige Ausnahmen sind diese Substantive feminin.

|  | Sg. | Pl. |
|---|---|---|
| Nom. | r-ēs | r-ēs |
| Gen. | re-ī | r-ērum |
| Dat. | re-ī | r-ēbus |
| Akk. | r-em | r-ēs |
| Abl. | r-ē | r-ēbus |

# Pronomina

## Übersicht über die Pronomina

| Personalpronomina | ich, du, er | ego, tu, is |
|---|---|---|
| Possessivpronomina | mein, dein, sein/ihr | meus, tuus, suus bzw. eius |
| Demonstrativpronomina | dieser, jener | (is), hic, ille |
| Relativpronomina | der/welcher | qui |
| Interrogativpronomina | wer? was? welcher? | quis? quid? qui? |
| Indefinitpronomina | irgendeiner | aliquis |

## Personalpronomina

| | 1. P. Sg. | 2. P. Sg. |
|---|---|---|
| Nom. | egō (ich) | tū (du) |
| Gen. | meī (meiner) | tuī (deiner) |
| Dat. | mihī (mir) | tibī (dir) |
| Akk. | mē (mich) | tē (dich) |
| Abl. | ā mē | ā tē |

| | 1. P. Pl. | 2. P. Pl. |
|---|---|---|
| Nom. | nōs (wir) | vōs (ihr) |
| Gen. | nostrum/nostrī | vestrum/vestrī |
| Dat. | nōbīs (uns) | vōbīs (euch) |
| Akk. | nōs (uns) | vōs (euch) |
| Abl. | ā nōbīs | ā vōbīs |

| | reflexiv (3. P. Sg./Pl.) |
|---|---|
| Nom. | – |
| Gen. | suī (seiner/ihrer) |
| Dat. | sibī (sich) |
| Akk. | sē (sich) |
| Abl. | ā sē |

### is, ea, id (= er, sie, es bzw. dieser, diese, dieses → s. S. 23)

| | Sg. | | | Pl. | | |
|---|---|---|---|---|---|---|
| | m. | f. | n. | m. | f. | n. |
| Nom. | is | ea | id | iī | eae | ea |
| Gen. | eius | | | eōrum | eārum | eōrum |
| Dat. | ei | | | iīs | | |
| Akk. | eum | eam | id | eōs | eās | ea |
| Abl. | eō | eā | eō | iīs | | |

## Demonstrativpronomina

hic, haec, hoc (= dieser hier → s. S. 23)

| | Sg. | | | Pl. | | |
|---|---|---|---|---|---|---|
| | m. | f. | n. | m. | f. | n. |
| Nom. | hic | haec | hoc | hī | hae | haec |
| Gen. | huius | | | hōrum | hārum | hōrum |
| Dat. | huic | | | hīs | | |
| Akk. | hunc | hanc | hoc | hōs | hās | haec |
| Abl. | hōc | hāc | hōc | hīs | | |

ille, illa, illud (= *dieser dort / jener* → s. S. 23)

|  | Sg. | | | Pl. | | |
|---|---|---|---|---|---|---|
|  | m. | f. | n. | m. | f. | n. |
| Nom. | ille | illa | illud | illī | illae | illa |
| Gen. |  | illīus | |  illōrum | illārum | illōrum |
| Dat. |  | illī |  |  | illīs |  |
| Akk. | illum | illam | illud | illōs | illās | illa |
| Abl. | illō | illā | illō |  | illīs |  |

Ebenso: *iste, ista, istud*

ipse, ipsa, ipsum *(= selbst)*

|  | Sg. | | | Pl. | | |
|---|---|---|---|---|---|---|
|  | m. | f. | n. | m. | f. | n. |
| Nom. | ipse | ipsa | ipsum | ipsī | ipsae | ipsa |
| Gen. |  | ipsīus |  | ipsōrum | ipsārum | ipsōrum |
| Dat. |  | ipsī |  |  | ipsīs |  |
| Akk. | ipsum | ipsam | ipsum | ipsōs | ipsās | ipsa |
| Abl. | ipsō | ipsā | ipsō |  | ipsīs |  |

## Relativpronomina

qui, quae, quod (= *der, die, das / welcher, welche, welches* → s. S. 24)

|  | Sg. | | | Pl. | | |
|---|---|---|---|---|---|---|
|  | m. | f. | n. | m. | f. | n. |
| Nom. | quī | quae | quod | quī | quae | quae |
| Gen. |  | cuius |  | quōrum | quārum | quōrum |
| Dat. |  | cui |  |  | quibus |  |
| Akk. | quem | quam | quod | quōs | quās | quae |
| Abl. | quō | quā | quō |  | quibus |  |

Ebenso: *qui, quae, quod* (adjektivisches Fragepronomen: »welcher?«)
Indefinitpronomen: *(ali)qui / (ali)quis* »irgendein / irgendjemand«
*quīdam, quaedam, quoddam* »ein gewisser« – *quisquam* »jemand« – *quisque* »jeder«

## Substantivisches Interrogativpronomen

quis? / quid? *(= wer? / was?)*

|  | m. / f. | n. |
|---|---|---|
| Nom. | quis? | quid? |
| Gen. | cuius? | cuius? |
| Dat. | cui? | cui? |
| Akk. | quem? | quid? |
| Abl. | ā quō? | quō? |

## Verben: Präsensstamm Aktiv

| | Infinitiv | exspectā-re | vidē-re | audī-re | pet-e-re | cape-re |
|---|---|---|---|---|---|---|
| **Präsens (Indikativ)** | 1. Pers. Sg. | exspect-ō | vide-ō | audi-ō | pet-ō | capi-ō |
| | 2. Pers. Sg. | exspectā-s | vidē-s | audī-s | pet-i-s | capi-s |
| | 3. Pers. Sg. | exspecta-t | vide-t | audi-t | pet-i-t | capi-t |
| | 1. Pers. Pl. | exspectā-mus | vidē-mus | audī-mus | pet-i-mus | capi-mus |
| | 2. Pers. Pl. | exspectā-tis | vidē-tis | audī-tis | pet-i-tis | capi-tis |
| | 3. Pers. Pl. | exspecta-nt | vide-nt | audi-u-nt | pet-u-nt | capi-u-nt |
| **Präsens (Konjunktiv)** | 1. Pers. Sg. | exspect-e-m | vide-a-m | audi-a-m | pet-a-m | capi-a-m |
| | 2. Pers. Sg. | exspect-ē-s | vide-ā-s | audi-ā-s | pet-ā-s | capi-ā-s |
| | 3. Pers. Sg. | exspect-e-t | vide-a-t | audi-a-t | pet-a-t | capi-a-t |
| | 1. Pers. Pl. | exspect-ē-mus | vide-ā-mus | audi-ā-mus | pet-ā-mus | capi-ā-mus |
| | 2. Pers. Pl. | exspect-ē-tis | vide-ā-tis | audi-ā-tis | pet-ā-tis | capi-ā-tis |
| | 3. Pers. Pl. | exspect-e-nt | vide-a-nt | audi-a-nt | pet-a-nt | capi-a-nt |
| **Imperfekt (Indikativ)** | 1. Pers. Sg. | exspectā-ba-m | vidē-ba-m | audi-ē-ba-m | pet-ē-ba-m | capi-ē-ba-m |
| | 2. Pers. Sg. | exspectā-bā-s | vidē-bā-s | audi-ē-bā-s | pet-ē-bā-s | capi-ē-bā-s |
| | 3. Pers. Sg. | exspectā-ba-t | vidē-ba-t | audi-ē-ba-t | pet-ē-ba-t | capi-ē-ba-t |
| | 1. Pers. Pl. | exspectā-bā-mus | vidē-bā-mus | audi-ē-bā-mus | pet-ē-bā-mus | capi-ē-bā-mus |
| | 2. Pers. Pl. | exspectā-bā-tis | vidē-bā-tis | audi-ē-bā-tis | pet-ē-bā-tis | capi-ē-bā-tis |
| | 3. Pers. Pl. | exspectā-ba-nt | vidē-ba-nt | audi-ē-ba-nt | pet-ē-ba-nt | capi-ē-ba-nt |
| **Imperfekt (Konjunktiv)** | 1. Pers. Sg. | exspectā-re-m | vidē-re-m | audī-re-m | pet-e-re-m | cape-re-m |
| | 2. Pers. Sg. | exspectā-rē-s | vidē-rē-s | audī-rē-s | pet-e-rē-s | cape-rē-s |
| | 3. Pers. Sg. | exspectā-re-t | vidē-re-t | audī-re-t | pet-e-re-t | cape-re-t |
| | 1. Pers. Pl. | exspectā-rē-mus | vidē-rē-mus | audī-rē-mus | pet-e-rē-mus | cape-rē-mus |
| | 2. Pers. Pl. | exspectā-rē-tis | vidē-rē-tis | audī-rē-tis | pet-e-rē-tis | cape-rē-tis |
| | 3. Pers. Pl. | exspectā-re-nt | vidē-re-nt | audī-re-nt | pet-e-re-nt | cape-re-nt |
| **Futur I** | 1. Pers. Sg. | exspectā-b-ō | vidē-b-ō | audi-a-m | pet-a-m | capi-a-m |
| | 2. Pers. Sg. | exspectā-bi-s | vidē-bi-s | audi-ē-s | pet-ē-s | capi-ē-s |
| | 3. Pers. Sg. | exspectā-bi-t | vidē-bi-t | audi-e-t | pet-e-t | capi-e-t |
| | 1. Pers. Pl. | exspectā-bi-mus | vidē-bi-mus | audi-ē-mus | pet-ē-mus | capi-ē-mus |
| | 2. Pers. Pl. | exspectā-bi-tis | vidē-bi-tis | audi-ē-tis | pet-ē-tis | capi-ē-tis |
| | 3. Pers. Pl. | exspectā-bu-nt | vidē-bu-nt | audi-e-nt | pet-e-nt | capi-e-nt |
| | Imp. Sg. | exspectā! | vidē! | audī! | pet-e! | cape! |
| | Imp. Pl. | exspectā-te! | vidē-te! | audī-te! | pet-i-te! | capi-te! |
| | Partizip (PGA) | exspectāns | vidēns | audiēns | petēns | capiēns |

## Verben: Präsensstamm Passiv

| | | Infinitiv | exspectā-rī | vidē-rī | audī-rī | pet-ī | cap-ī |
|---|---|---|---|---|---|---|---|
| | | 1. Pers. Sg. | exspect-or | vide-or | audi-or | pet-or | capi-or |
| | | 2. Pers. Sg. | exspectā-ris | vidē-ris | audī-ris | pét-e-ris | cápe-ris |
| | Präsens (Indikativ) | 3. Pers. Sg. | exspectā-tur | vidē-tur | audī-tur | pet-i-tur | capi-tur |
| S. 35 | | 1. Pers. Pl. | exspectā-mur | vidē-mur | audī-mur | pet-i-mur | capi-mur |
| | | 2. Pers. Pl. | exspectā-minī | vidē-minī | audī-minī | pet-i-minī | capi-minī |
| | | 3. Pers. Pl. | exspecta-ntur | vide-ntur | audi-u-ntur | pet-u-ntur | capi-u-ntur |
| | | 1. Pers. Sg. | exspect-e-r | vide-a-r | audi-a-r | pet-a-r | capi-a-r |
| | | 2. Pers. Sg. | exspect-ē-ris | vide-ā-ris | audi-ā-ris | pet-ā-ris | capi-ā-ris |
| | Präsens (Konjunktiv) | 3. Pers. Sg. | exspect-ē-tur | vide-ā-tur | audi-ā-tur | pet-ā-tur | capi-ā-tur |
| S. 35 | | 1. Pers. Pl. | exspect-ē-mur | vide-ā-mur | audi-ā-mur | pet-ā-mur | capi-ā-mur |
| | | 2. Pers. Pl. | exspect-ē-minī | vide-ā-minī | audi-ā-minī | pet-ā-minī | capi-ā-minī |
| | | 3. Pers. Pl. | exspect-e-ntur | vide-a-ntur | audi-a-ntur | pet-a-ntur | capi-a-ntur |
| | | 1. Pers. Sg. | exspectā-ba-r | vidē-ba-r | audi-ē-ba-r | pet-ē-ba-r | capi-ē-ba-r |
| | | 2. Pers. Sg. | exspectā-bā-ris | vidē-bā-ris | audi-ē-bā-ris | pet-ē-bā-ris | capi-ē-bā-ris |
| | Imperfekt (Indikativ) | 3. Pers. Sg. | exspectā-bā-tur | vidē-bā-tur | audi-ē-bā-tur | pet-ē-bā-tur | capi-ē-bā-tur |
| S. 35 | | 1. Pers. Pl. | exspectā-bā-mur | vidē-bā-mur | audi-ē-bā-mur | pet-ē-bā-mur | capi-ē-bā-mur |
| | | 2. Pers. Pl. | exspectā-bā-minī | vidē-bā-minī | audi-ē-bā-minī | pet-ē-bā-minī | capi-ē-bā-minī |
| | | 3. Pers. Pl. | exspectā-ba-ntur | vidē-ba-ntur | audi-ē-ba-ntur | pet-ē-ba-ntur | capi-ē-ba-ntur |
| | | 1. Pers. Sg. | exspectā-re-r | vidē-re-r | audī-re-r | pet-e-re-r | cape-re-r |
| | | 2. Pers. Sg. | exspectā-rē-ris | vidē-rē-ris | audī-rē-ris | pet-e-rē-ris | cape-rē-ris |
| | Imperfekt (Konjunktiv) | 3. Pers. Sg. | exspectā-rē-tur | vidē-rē-tur | audī-rē-tur | pet-e-rē-tur | cape-rē-tur |
| S. 35 | | 1. Pers. Pl. | exspectā-rē-mur | vidē-rē-mur | audī-rē-mur | pet-e-rē-mur | cape-rē-mur |
| | | 2. Pers. Pl. | exspectā-rē-minī | vidē-rē-minī | audī-rē-minī | pet-e-rē-minī | cape-rē-minī |
| | | 3. Pers. Pl. | exspectā-re-ntur | vidē-re-ntur | audī-re-ntur | pet-e-re-ntur | cape-re-ntur |
| | | 1. Pers. Sg. | exspectā-b-or | vidē-b-or | audi-a-r | pet-a-r | capi-a-r |
| | | 2. Pers. Sg. | exspectā-be-ris | vidē-be-ris | audi-ē-ris | pet-ē-ris | capi-ē-ris |
| | Futur I | 3. Pers. Sg. | exspectā-bi-tur | vidē-bi-tur | audi-ē-tur | pet-ē-tur | capi-ē-tur |
| S. 35 | | 1. Pers. Pl. | exspectā-bi-mur | vidē-bi-mur | audi-ē-mur | pet-ē-mur | capi-ē-mur |
| | | 2. Pers. Pl. | exspectā-bi-minī | vidē-bi-minī | audi-ē-minī | pet-ē-minī | capi-ē-minī |
| | | 3. Pers. Pl. | exspectā-bu-ntur | vidē-bu-ntur | audi-e-ntur | pet-e-ntur | capi-e-ntur |

## Verben: Perfektstamm Aktiv und Passiv

**Aktiv**

| | | Infinitiv | exspectāv-isse |
|---|---|---|---|
| S. 27 | Perfekt (Indikativ) | 1. Pers. Sg. | exspectāv-ī |
| | | 2. Pers. Sg. | exspectāv-istī |
| | | 3. Pers. Sg. | exspectāv-it |
| | | 1. Pers. Pl. | exspectāv-imus |
| | | 2. Pers. Pl. | exspectāv-istis |
| | | 3. Pers. Pl. | exspectāv-ērunt |
| S. 30 ff. | Perfekt (Konjunktiv) | 1. Pers. Sg. | exspectāv-eri-m |
| | | 2. Pers. Sg. | exspectāv-eri-s |
| | | 3. Pers. Sg. | exspectāv-eri-t |
| | | 1. Pers. Pl. | exspectāv-eri-mus |
| | | 2. Pers. Pl. | exspectāv-eri-tis |
| | | 3. Pers. Pl. | exspectāv-eri-nt |
| S. 28 | Plusquamperfekt (Indikativ) | 1. Pers. Sg. | exspectāv-era-m |
| | | 2. Pers. Sg. | exspectāv-erā-s |
| | | 3. Pers. Sg. | exspectāv-era-t |
| | | 1. Pers. Pl. | exspectāv-erā-mus |
| | | 2. Pers. Pl. | exspectāv-erā-tis |
| | | 3. Pers. Pl. | exspectāv-era-nt |
| S. 30 ff. | Plusquamperfekt (Konjunktiv) | 1. Pers. Sg. | exspectāv-isse-m |
| | | 2. Pers. Sg. | exspectāv-issē-s |
| | | 3. Pers. Sg. | exspectāv-isse-t |
| | | 1. Pers. Pl. | exspectāv-issē-mus |
| | | 2. Pers. Pl. | exspectāv-issē-tis |
| | | 3. Pers. Pl. | exspectāv-isse-nt |
| S. 28 | Futur II (Indikativ) | 1. Pers. Sg. | exspectāv-er-ō |
| | | 2. Pers. Sg. | exspectāv-eri-s |
| | | 3. Pers. Sg. | exspectāv-eri-t |
| | | 1. Pers. Pl. | exspectāv-eri-mus |
| | | 2. Pers. Pl. | exspectāv-eri-tis |
| | | 3. Pers. Pl. | exspectāv-eri-nt |

**Passiv**

| | | Infinitiv | exspectā-tum esse |
|---|---|---|---|
| S. 35 | Perfekt (Indikativ) | 1. Pers. Sg. | exspectā-tus (a, um) sum |
| | | 2. Pers. Sg. | exspectā-tus (a, um) es |
| | | 3. Pers. Sg. | exspectā-tus (a, um) est |
| | | 1. Pers. Pl. | exspectā-tī (ae, a) sumus |
| | | 2. Pers. Pl. | exspectā-tī (ae, a) estis |
| | | 3. Pers. Pl. | exspectā-tī (ae, a) sunt |
| S. 35 | Perfekt (Konjunktiv) | 1. Pers. Sg. | exspectā-tus (a, um) sim |
| | | 2. Pers. Sg. | exspectā-tus (a, um) sīs |
| | | 3. Pers. Sg. | exspectā-tus (a, um) sit |
| | | 1. Pers. Pl. | exspectā-tī (ae, a) sīmus |
| | | 2. Pers. Pl. | exspectā-tī (ae, a) sītis |
| | | 3. Pers. Pl. | exspectā-tī (ae, a) sint |
| S. 35 | Plusquamperfekt (Indikativ) | 1. Pers. Sg. | exspectā-tus (a, um) eram |
| | | 2. Pers. Sg. | exspectā-tus (a, um) erās |
| | | 3. Pers. Sg. | exspectā-tus (a, um) erat |
| | | 1. Pers. Pl. | exspectā-tī (ae, a) erāmus |
| | | 2. Pers. Pl. | exspectā-tī (ae, a) erātis |
| | | 3. Pers. Pl. | exspectā-tī (ae, a) erant |
| S. 35 | Plusquamperfekt (Konjunktiv) | 1. Pers. Sg. | exspectā-tus (a, um) essem |
| | | 2. Pers. Sg. | exspectā-tus (a, um) essēs |
| | | 3. Pers. Sg. | exspectā-tus (a, um) esset |
| | | 1. Pers. Pl. | exspectā-tī (ae, a) essēmus |
| | | 2. Pers. Pl. | exspectā-tī (ae, a) essētis |
| | | 3. Pers. Pl. | exspectā-tī (ae, a) essent |
| S. 35 | Futur II (Indikativ) | 1. Pers. Sg. | exspectā-tus (a, um) erō |
| | | 2. Pers. Sg. | exspectā-tus (a, um) eris |
| | | 3. Pers. Sg. | exspectā-tus (a, um) erit |
| | | 1. Pers. Pl. | exspectā-tī (ae, a) erimus |
| | | 2. Pers. Pl. | exspectā-tī (ae, a) eritis |
| | | 3. Pers. Pl. | exspectā-tī (ae, a) erunt |
| S. 40 | Partizip (PVP) | | exspectātus, a, um |

# Unregelmäßige Verben

| Infinitiv | esse | posse | īre | ferre | fierī | velle | nōlle |
|---|---|---|---|---|---|---|---|
|  | sein | können | gehen | (er)tragen | werden | wollen | nicht wollen |

## Präsens (Indikativ)

| | | | | | | | |
|---|---|---|---|---|---|---|---|
| 1. Pers. Sg. | su-m | pos-sum | eō | ferō | fīō | volō | nōlō |
| 2. Pers. Sg. | es | pot-es | īs | fers | fīs | vīs | nōn vīs |
| 3. Pers. Sg. | es-t | pot-est | it | fert | fit | vult | nōn vult |
| 1. Pers. Pl. | su-mus | pós-sumus | īmus | ferimus | fīmus | volumus | nōlumus |
| 2. Pers. Pl. | es-tis | pot-estis | ītis | fertis | fītis | vultis | nōn vultis |
| 3. Pers. Pl. | su-nt | pos-sunt | eunt | ferunt | fīunt | volunt | nōlunt |

## Präsens (Konjunktiv)

| | | | | | | | |
|---|---|---|---|---|---|---|---|
| 1. Pers. Sg. | si-m | pos-sim | eam | feram | fīam | velim | nōlim |
| 2. Pers. Sg. | sī-s | pos-sīs | eās | ferās | fīās | velīs | nōlīs |
| 3. Pers. Sg. | si-t | pos-sit | eat | ferat | fīat | velit | nōlit |
| 1. Pers. Pl. | sī-mus | pos-sīmus | eāmus | ferāmus | fīāmus | velīmus | nōlīmus |
| 2. Pers. Pl. | sī-tis | pos-sītis | eātis | ferātis | fīātis | velītis | nōlītis |
| 3. Pers. Pl. | si-nt | pos-sint | eant | ferant | fīant | velint | nōlint |

## Imperfekt (Indikativ)

| | | | | | | | |
|---|---|---|---|---|---|---|---|
| 1. Pers. Sg. | era-m | pot-eram | ībam | ferēbam | fīēbam | volēba-m | nōlēbam |
| 2. Pers. Sg. | erā-s | pot-erās | ībās | ferēbās | fīēbās | volēbās | nōlēbās |
| 3. Pers. Sg. | era-t | pot-erat | ībat | ferēbat | fīēbat | volēbat | nōlēbat |
| 1. Pers. Pl. | erā-mus | pot-erāmus | ībāmus | ferēbāmus | fīēbāmus | volēbāmus | nōlēbāmus |
| 2. Pers. Pl. | erā-tis | pot-erātis | ībātis | ferēbātis | fīēbātis | volēbātis | nōlēbātis |
| 3. Pers. Pl. | era-nt | pot-erant | ībant | ferēbant | fīēbant | volēbant | nōlēbant |

## Imperfekt (Konjunktiv)

| | | | | | | | |
|---|---|---|---|---|---|---|---|
| 1. Pers. Sg. | esse-m | posse-m | īrem | ferrem | fierem | vellem | nōllem |
| 2. Pers. Sg. | essē-s | possē-s | īrēs | ferrēs | fierēs | vellēs | nōllēs |
| 3. Pers. Sg. | esse-t | posse-t | īret | ferret | fieret | vellet | nōllet |
| 1. Pers. Pl. | essē-mus | possē-mus | īrēmus | ferrēmus | fierēmus | vellēmus | nōllēmus |
| 2. Pers. Pl. | essē-tis | possē-tis | īrētis | ferrētis | fierētis | vellētis | nōllētis |
| 3. Pers. Pl. | esse-nt | posse-nt | īrent | ferrent | fierent | vellent | nōllent |

## Futur I

| | | | | | | | |
|---|---|---|---|---|---|---|---|
| 1. Pers. Sg. | er-ō | pot-erō | ībō | feram | fīam | volam | nōlam |
| 2. Pers. Sg. | eri-s | pot-eris | ībis | ferēs | fīēs | volēs | nōlēs |
| 3. Pers. Sg. | eri-t | pot-erit | ībit | feret | fīet | volet | nōlet |
| 1. Pers. Pl. | eri-mus | pot-erimus | ībimus | ferēmus | fīēmus | volēmus | nōlēmus |
| 2. Pers. Pl. | eri-tis | pot-eritis | ībitis | ferētis | fīētis | volētis | nōlētis |
| 3. Pers. Pl. | eru-nt | pot-erunt | ībunt | ferent | fīent | volent | nōlent |

## Perfektstamm

| Infinitiv | fu-isse | potu-isse | īsse | tulisse | factum esse | voluisse | nōluisse |
|---|---|---|---|---|---|---|---|

# Deutsche Deklination

## Substantive

|  | Sg. | | | Pl. |
|---|---|---|---|---|
|  | m. | f. | n. | m./f./n. |
| Nom. | der Mann | die Frau | das Kind | die Kinder |
| Gen. | des Mannes | der Frau | des Kindes | der Kinder |
| Dat. | dem Mann | der Frau | dem Kind | den Kindern |
| Akk. | den Mann | die Frau | das Kind | die Kinder |

## Personalpronomina

| Nom. | ich | du | er | sie | es | wir | ihr | sie |
|---|---|---|---|---|---|---|---|---|
| Gen. | meiner | deiner | seiner | ihrer | seiner | unser | euer | ihrer |
| Dat. | mir | dir | ihm | ihr | ihm | uns | euch | ihnen |
| Akk. | mich | dich | ihn | sie | es | uns | euch | sie |

## Demonstrativpronomina

|  | Sg. | | | Pl. |
|---|---|---|---|---|
|  | m. | f. | n. | m./f./n. |
| Nom. | dieser/der | diese/die | dieses/das | diese/die |
| Gen. | dieses | dieser | dieses | dieser |
| Dat. | diesem/dem | dieser/der | diesem/dem | diesen/denen |
| Akk. | diesen/den | diese/die | dieses/das | diese/die |

## Relativpronomina

|  | Sg. | | | Pl. |
|---|---|---|---|---|
|  | m. | f. | n. | m./f./n. |
| Nom. | der/welcher | die/welche | das/welches | die/welche |
| Gen. | dessen | deren | dessen | deren |
| Dat. | dem/welchem | der/welcher | dem/welchem | denen/welchen |
| Akk. | den/welchen | die/welche | das/welches | die/welche |

# 12. Wo finde ich was? – Register

Abl. abs. / Ablativus absolutus  42/43
Ablativ  18/19; 42/43
    Ablativus causae  19
    Ablativus comparationis  19; 22
    Ablativus instrumentalis  19
    Ablativus loci  19
    Ablativus mensurae  19
    Ablativus modi  19
    Ablativus qualitatis  19
    Ablativus separativus  19
    Ablativus sociativus  19
    Ablativus temporis  19
Ableitung  48
AcI  24; 38/39; 45
a-Deklination  6; 9; 51
Adjektiv  20–22; 51/52
Adverb  6; 22
Adverbiale  8; 17
Adverbialsatz / adverbialer Nebensatz  37; 40–42
Akkusativ  7; 9; 16/17; 38/39
Aktiv  34; 56; 58
*aliqui(s)*  54/55
Apposition  11
Artikel  6; 9
Attribut  8; 21; 46
attributiv  40; 46
Attributsatz  37
Aufforderung  29; 32/33
Aussagesatz  37

Bedingungssatz  32a
Befehl  29; 33d
Beiordnung  41; 42

*cum*  31; 37; 50

Dativ  9; 14/15
    Dativus auctoris  15d; 44
    Dativus commodi  15a
    Dativus finalis  15c
    Dativus possessivus  15b

Deklination  9; 51–55; 60
    1. oder a-Deklination  6; 9; 51
    2. oder o-Deklination  9; 51
    3. Deklination  9; 20; 52
    4. oder u-Deklination  9; 53
    5. oder e-Deklination  9; 53
Deliberativ → s. Aufforderung  33d
Demonstrativpronomen  23; 54; 60
Deponentien  34; 36

e-Deklination  9; 53
Elativ  22
*esse*  59

Femininum  9
*ferre*  59
*fieri*  59
Finalsatz  37
finite Verbformen  25
Fragesatz  37
Futur I  26; 56/57
Futur II  28; 58

Genitiv  9; 12/13; 23
    Genitivus obiectivus  13d
    Genitivus partitivus  13c
    Genitivus possessivus  13a
    Genitivus pretii  13e
    Genitivus qualitatis  13b
    Genitivus subiectivus  13d
Genus  9; 20
Genus verbi  34
Gerundium  44
Gerundivum  44
Gleichzeitigkeit  41; 43

*hic, haec, hoc*  23; 54
Hortativ → s. Aufforderung  33d

*ille, illa, illud*  23; 55
Imperativ  29; 32
Imperfekt (Indikativ)  26; 35; 56/57

Imperfekt (Konjunktiv)  30; 35; 56/57
Indefinitpronomen  54/55
Indikativ  29
indirekte Frage  31c; 45/46
indirekte Rede  31c; 45/46
infinite Verbformen  36
Infinitiv  25; 36
Interjektion  6
Interrogativpronomen  54/55
*ipse, ipsa, ipsum*  55
*ire*  59
irreale Aussage  32
irrealer Wunsch  33
*is, ea, id*  23; 54
*iste, ista, istud* → s. *ille*  55
Iussiv → s. Aufforderung  33d

Kasus  7; 9
kausal / Kausalsatz  37; 41; 43; 50
KNG-Kongruenz  20
Komparativ  21/22; 37; 52
Kompositum  47
Konditionalsatz  37; 41; 43
Kongruenz  20
Konjugation  25; 56–58
Konjunktion  6
Konjunktiv  29–33; 56–58
    Konjunktiv: Formen  33d
    Konjunktiv: im Nebensatz  30; 56–58
    Konjunktiv: im Hauptsatz  32/33
    Konjunktiv: Aufforderung und Befehl  33d
    Konjunktiv: Wunschsätze  33c
    konjunktivische Relativsätze  31
Konsekutivsatz  37
Konzessivsatz  37; 41; 43; 50

*malle* → wie *nolle*  59
Maskulinum  9
Medium  34
Metapher  49/50
Metonymie  49/50
Modalsatz  37
Modus  29; 32

NcI  39
nd-Formen  44

Neutrum  9
*nolle*  59
nominaler Abl. abs.  43
Nominativ  9; 10/11

Objekt  8; 17
o-Deklination  9; 51
Optativ → s. Wunschsätze  33c
oratio obliqua  45/46

Participium coniunctum  40/41
Partizip  36; 40/41
Passiv  34–36; 57/58
Pc  40/41
Perfekt (Indikativ)  27
Perfekt (Konjunktiv)  30
Perfektstamm  27; 58
Personalpronomen  11; 23; 54; 60
PFA = PNA  36; 40/41
PGA  36; 40/41
Plusquamperfekt (Indikativ)  28; 58
Plusquamperfekt (Konjunktiv)  30; 58
PNA  36; 40/41
Positiv  21
*posse*  59
Possessivpronomen  6; 23; 54
Potentialis → s. potentiale Aussage  33b
PPA = PGA  36; 40/41
PPP = PVP  36; 40/41
Prädikat  8
prädikativ  40–43
Prädikativum  46
Prädikatsinfinitiv  38
Prädikatsnomen  11; 21
Präfix  47
Präposition  6; 19; 47
Präsens (Indikativ)  25; 56/57
Präsens (Konjunktiv)  30; 56/57
Präsens Passiv  35
Präteritum  26
Prohibitiv → s. Aufforderung  33c
Pronomina  6; 23/24; 54/55
PVP  36; 40/41

*qui, quae, quod*  24; 55
*quid*  55

*quidam* 55
*quis* 55
*quisquam* 55
*quisque* 55

reflexiv 34; 38; 54
Relativsatz 24; 37
    Relativpronomen 24; 55; 60
    relativischer Satzanschluss 24
    Relativsätze, konjunktivische 31
    Relativsätze, verschränkt mit AcI 24

Satzglied 8
Semideponentien 36
Stammformen 27
Steigerung 21/22
Subjekt 8; 11
Subjektsakkusativ 38
Subjunktion 6; 50
Substantiv 6
Substantivierung 21; 44
Suffix 48
Superlativ 21/22; 51
Supinum 26

Temporalsatz 37; 41; 43; 50

u-Deklination 9; 53
*ut* 31; 50

*velle* 59
Verb 6; 25–36; 56–59
Verbot 29; 33d
verneinter Imperativ 29
verschränkte Relativsätze 24
Vokativ 11
Vorzeitigkeit 41; 43

Wortarten 6
Wortbildung 47–49
Wunschsätze 33c

Zeitverhältnis 41; 43

## Quellennachweis

Merksatz zum Konjunktiv im Nebensatz: © Dr. Karl-Heinz Niemann.

Merksatz zu den nd-Formen: © Dr. Gerhard Fink.

Rondogramm sowie Metapher und Metonymie: © Theo Wirth, Christian Seidl, Christian Utzinger: Sprache und Allgemeinbildung, Lehrmittelverlag Zürich.

Anregungen zur den Funktionen des Dativs / »modifizierend« als Bezeichnung für die Funktion des Prädikativs: © Friedemann Weitz.